楽しまないともったいない

―著―

富永啓生
大柴壮平

adidas

アメリカの学生スポーツに懸ける情熱と予算は半端ではない。選手入場にもスモークとレーザーが使われるし、センタービジョンに流れる煽り映像もプロ並だ。

ウォーミングアップは非常に重要だ。いざ出番が来た時に体がカチコチではすぐに試合に入っていくことができない。

スリーポイントだけでなく、フロアのどこからでも得点できるようになることを目指している。

エースとして認識されるにつれて、相手のマークもより激しく、よりフィジカルになっていった。

ディフェンスでは常にエナジーを出している。背の低い僕が高いレベルでバスケをしていく上で、絶対に必要なことだと思っている。

2024 年 1 月のインディアナ戦では 28 得点を挙げてヒーロー・インタビューを受けた。英語での受け答えにもようやく慣れてきた。

NEBRASKA
30

タフショットは存在しないと思っている。大事なのはディフェンスとの駆け引きに勝つこと。
シュートモーションに入ってしまえば入るかどうかは確率の問題だ。

フレッドは選手の強みやラインナップごとの良さを引き出すのが上手い。

フレッドはこれまで僕が指導を受けたコーチの中で最も親しみやすい性格の人だ。妹の千尋はこの日初めてフレッドに会った。

「啓生はベンチからの起爆剤になってくれた。最初はちょっと制御不能になっていたから一度ベンチに下げたけれど、その後の活躍はすさまじかった」

記者会見は得意でも好きでもないが、光栄なことだとは思っている。

ジュニア・シーズンの練習風景。フレッドの隣がウィルヘルム・ブライデンバック。僕の左にいるのがデニム・ドーソン。

ハドルを組んで一緒に声を出すことでチームに一体感が生まれる。この時ばかりは普段温厚なフレッドも大声を張り上げる。

チームメイト兼ルームメイトのサム・ホイバーグと。ゴルフが上手すぎて、サムと一緒に回ると力んでしまい、いいスコアが出ない。

練習場に飾られているバナー。ネブラスカ大学は各競技ごとに素晴らしい練習施設を持っている。

左から妹の千尋、母ひとみ、父啓之。僕の大切な家族だ。妹の後ろがフィアンセのハンナ。

フィアンセのハンナと。この日は彼女の誕生日を祝いに焼肉屋へ行った。

JTK というステーキレストランで夕食。リンカーンのレストランはどこもレベルが高い。この JTK は代表のトム・ホーバス HC とも一緒に行ったことがある。

家族が来るとシュートの調子がいい。家族にも試合を楽しんでもらえて良かった。

憧れのプレーヤー、ステフィン・カリーのジャージーを寝室に飾っている。

日本にいた頃よりアメリカに来てからの方が成績が上がった。アメリカは日本と違って僕の苦手なペーパーテストが少なく、期日までにレポートを出せば単位をもらえる科目が多い。

アリーナの近くのアパートを借りた。リビングには日米の国旗を飾っている。

ホームゲームを行うピナクル・バンク・アリーナの前で。ここでは一生忘れられないような思い出を作ることができた。

インタビューを受けたホテルの一室での一枚。第２の故郷だと思っているネブラスカには機会があるごとに帰ってこようと思っている。その時は僕もホテルに宿泊することになる。

目次

Bank Arena
NEBRASKA
BASKETBALL

0

楽しまないと　もったいない

幼い頃からＮＢＡが大好きだった。

最初のアイドルはコービー・ブライアントで、小学生の頃はコービーのフェーダウェー・ジャンパー[※1]をよく練習していた。

しかし、その練習はほどなくしてステップバック・スリー[※2]の練習に置き換わることになる。

ステフィン・カリーのプレーを一目見て以来、カリーの虜になってしまったのだ。

カリーに憧れて、カリーのスタイルを取り入れながら練習に明け暮れてきた。いつだって僕の夢はＮＢＡに行くことだった。

とは言え、高校の途中までＮＢＡは文字通りただの夢に過ぎなかった。高校二年生まで世代別代表に縁が無く、全国大会で活躍したこともなかった自分がアメリカでプレーするというのは、あまりにも現実味が無かったのだ。

そんなわけで、U16日本代表、U18日本代表、２０１８年のウインターカップで急激に僕の評価が上がってアメリカ行きのチャンスが出てきた時、僕の準備は全く整っていなかった。

最初からＮＣＡＡに行くという話も無かったわけではないが、とてもではないが授業についていけるとは思えなかった。なにせ桜丘高校時代の僕の英語の成績は5段階評価で2だったのだ。

最終的に英語を学びながらバスケットボールもできるということで、テキサス州にあるコミュニティ・カレッジ、レンジャー・カレッジへ行くことになった。

コミュニティ・カレッジとは二年制の短大のことで、職業教育や大学への転学プログラムを提供している。（渡邊）雄太さんが通っていたセント・トーマス・モア・スクールのようなプレップ・スクールと似ているが、進学だけでなく就職もサポートしているのが違いだ。

雄太さんはセント・トーマス・モアからＮＣＡＡディビジョンⅠのジョージ・ワシントン大学に進学した。僕もレンジャーでプレーしながら、ＮＣＡＡを目指すことになった。

さて、ここで読者の皆さん、特に留学を志す若い選手たちに伝えたいことが二つある。

一つは、英語は勉強しておいた方がいい、ということだ。

本来であれば作中に英語学習の重要性がわかるエピソードがあればいいのだが、本書はネブラスカ大学での話が中心だ。僕が最も英語に悪戦苦闘したのはレンジャー・カレッジでの二年間で、ネブラスカに来た頃には日常会話に困ることは無くなっていた。

そのため作中で英語に困るシーンが出てこないのでわざわざここに書くのだが、僕はレンジャーに行ってから何度も「もっと英語を勉強していれば良かった」と後悔した。アメリカに来て大変なのは、コート上のことだけではない。英語を勉強しなければならないし、それどころか英語で授業を受けなくてはならない。さらに、日常生活でも半ば強制的に自立を求められる。僕は高校から親元を離れて寮で生活していたので、当時から多少は自立していたつもりだったが、それでもアメリカ生活の始めの頃は改めて親のありがたみを感じたものだ。

もしこの本を読んでいる貴方が少しでもアメリカ留学に興味がある、もしくはアメリカでプレーする可能性があるほど実力を持っているなら、僕みたいにならないように英語を勉強しておいた方がいいだろう。その方がこっちに来てからバスケットボールに集中することができる。これが一つめのアドバイスだ。

もう一つ若い選手たちに伝えたいのは、仮に英語が苦手でもチャンスがあるならアメリカに挑戦した方がいい、ということだ。

最初のアドバイスと矛盾するようだが、聞いてほしい。英語を勉強しておくに越したことはない。しかし、英語ができないからと言って諦めるのはあまりにももったいないと僕は思う。

本場のバスケットボールを経験すれば確実にレベルアップできるだけでなく、もしもＮＣＡＡのディビジョンＩにたどりつくことができれば、日本ではなかなか経験できないような大きな会場で、大勢のファンに囲まれながらプレーすることができる。

こうした経験は、バスケットボール選手にとってフィジカルの強化やスキルの向上と同じぐらい大事なことだと僕は思う。

僕は英語がからっきし駄目だったが、アメリカでの毎日は楽しかった。そして、幸いなことにNCAAトーナメント出場という目標も達成することができた。そんな僕の留学生活を支えてくれたのが本書のタイトルにもなった、

「楽しまないともったいない」

という精神だ。

元々これは高校三年生の時にウインターカップのインタビューで自然と口をついて出た言葉だった。僕は割と直感を信じて動くタイプだから、この言葉を日頃から信奉しているわけでも、お守りにしているわけでもない。ただ、自分の口から自然と出ただけあって、僕の精神を言語化するならこれしかないというぐらいしっくりくる言葉だ。

大好きなバスケットボールを高いレベルでやらせてもらえているのはありがたい。

だからどんなに苦しい時でも楽しまないともったいない。僕が苦しい練習やパフォーマンスが上がらない試合を乗り越えてこれたのは、この精神のおかげだと思う。

さらに言えば、コート外でも同じことだ。人生訓と言ったら大袈裟だが、勉強でも恋愛でも人生のだいたいのことにはこの言葉が当てはまるのではないだろうか。

本書はバスケ本シリーズ『ダブドリ』で連載していたコラムに加筆修正したものだ。連載当時のタイトルは「姿勢」だったが、単行本化にあたりこのお気に入りの言葉に改題した。

僕がネブラスカでどんな体験をしたか、その過程で何を感じどう対処したかを格好つけずに書いたつもりだ。

インタビューでヘッドコーチのフレッド（・ホイバーグ）がこう言ったことがある。

「啓生はこのプログラムに喜びをもたらしてくれた」

どうやら楽しいという気持ちは人に伝播するものらしい。

願わくばこの本を手にとってくださった皆さんとも、本書を通じて僕がネブラスカで味わった楽しさ、喜びを分かちあえることを、と思っている。

《注》

※1　後方にジャンプしながら放つショット

※2　ドリブルで後方にステップした直後に放つショット

2021年 8 月～2021年11月

1 姿勢

好きな言葉は何ですか。

メディアやファンの方から聞かれて一番困るのがこの質問だ。毎回思いつかずにまごついてしまう。このコラムを始めるに当たり「好きな言葉をタイトルにしたらどうですか」と提案を受けたのだが、例によって答えを持ち合わせていないので困ってしまった。うんうん唸ってようやく絞り出したのがこの「姿勢」という言葉だ。※1

バスケに取り組む姿勢。プレー中の姿勢。

桜丘高校時代、僕たちの代の横断幕にはこの二文字が書かれていた。それ以来、いつでも意識するようにしてきたし、むしろ今では無意識で姿勢を維持していられるようになった。おかげでコートに入ったらいつでも準備ができている。

ネブラスカに初めて行った日もそうだった。

東京オリンピックが終わった後、僕はネブラスカ大学に直行した。実はレンジャー・カレッジの一年目に奨学金のオファーをもらって以来、一度もネブラスカ大学を訪れたことが無かった。オフに両親と共に招待されたことがあったのだが、コロナの影響で結局訪問できなかったのだ。

初めて足を踏み入れたネブラスカ大学は、僕が渡米前にイメージしていた「ザ・アメリカの大学」だった。なにせレンジャー・カレッジは桜丘高校より小さかったのだ。バスケと英語に集中するにはいい環境だったが、アメリカに来たという感動は薄かった。

一方、ネブラスカ大学のキャンパスは敷地の端から端まで歩くと20分はかかるほど広大だ。その広い敷地にいくつも校舎が建っている。八村（塁）選手や（渡邊）雄太さんのドキュメンタリーを観て憧れていた情景がそこにはあった。いよいよ僕のアメリカ生活も始まるんだという期待が高まった。

その足で体育館へ行き、ヘッドコーチのフレッド（・ホイバーグ）に再会した。フレッドと会うのは、二年前僕をリクルートするためにレンジャーまで来てくれた時以来だった。フレッドは記念撮影用に大きな日の丸を用意して待っていてくれた。

姿勢の話に戻ろう。

挨拶を済ませた後のことだった。フレッドが、コーナーにいた僕にふとボールを投げてきた。そのパスにシュートを打てという意図を感じたので、僕はコーナーからスリーポイントを放った。シュートが入ると、またパスが来た。再び決めると、三度《みたび》パスが来た。この繰り返しで、僕は26本連続でシュートを決めた。この日僕の心は浮かれていたが、それでも姿勢は常に整っているのだ。

ちなみにこの時僕はショルダーバッグを背負ったままシュートを打っていた。フレッドが面白がってその動画をツイートしたところ、プチバズりしたと後から聞いた。思いもしない形でネブラスカ大学の富永啓生としてＳＮＳデビューをすることになったが、まずは幸先の良いスタートとなった。

キャンパス同様、街を比べてもネブラスカ大学のあるリンカーンはレンジャーの何倍も大きい。レンジャーは街というより村で、お店と言えばコンビニサイズのスーパーと小さなレストランがあるだけだったが、リンカーンでは必要な物が揃っている。

おそらく、生活面で最も変わったのは食だろう。レンジャーでは寮に住んでいたのだが、寮の食事はお世辞にも美味しいと言えるものではなかった。しかもキッチンが無いので自分で何か作って食べるわけにもいかない。どうしても我慢できない時があるので、日本から送ってもらったレトルト食品を食べてなんとか気分を紛らわせていた。ちなみにレンジャーのチームメイトにも日本のレトルト食品は好評だった。

リンカーンでは寮暮らしではなく、アパートを借りることになった。平日は大学にあるアスリート用のダイニングで食事を摂るが、土日は親子丼やカレーライスなど日本食を自炊している。アジアン・スーパーマーケットがあるので、食材もおよそ手に入れることができる。

アメリカの暮らしには慣れてきたが、アメリカ人の食習慣には馴染めないでいる。チームメイトは練習の前にポテトチップスを食べる。ポテトチップスをおやつではなく補食と捉えているのだ。よくそんなものを食べてから動けるなと感心はするが、僕は挑戦したことがない。

ホームゲームの前にはアリーナでバスケットボールチーム専用の食事が提供される。きちんと栄養が管理されている上に美味しい。僕は気に入っているが、なぜか試合後に出てくる食事はジャンクフードだ。アメリカ人にとっては試合後のジャンクフードがご褒美という感覚なのだろうか。不思議である。

基本的にはバスケ漬けの生活だから、美味しい食事は素晴らしい気分転換になる。気分転換と言えば、僕がアメリカに来てから覚えた趣味がゴルフだ。

元々レンジャーでも打ちっぱなしに行ったことはあったのだが、ネブラスカでチームメイト兼ルームメイトになったサム・ホイバーグがクラブを一式プレゼントしてくれて、一気にやる気が出た。苗字の通り、サムはヘッドコーチのフレッドの息子で、高校ではバスケとゴルフの両方をプレーしていたそうだ。一緒に回ったことがあるが、ドライバーの飛距離がとんでもないので驚いた。サムのパワフルなスイングを見た後だとどうしても力んでしまい、僕のスコアは伸びなかった。

今のところの僕のハーフベストは48だ。18ホールではまだ100を切れていない。

サムには負けるが、ちょっと前まではドライバーが好調で３００ヤード飛ばしていた。今はドライバーだけ絶不調に陥ってしまったので、アイアンの練習に力を注いでいる。サムはベストスコアが70らしいが、いつかは彼と一緒に回っても恥ずかしくないレベルになりたいものだ。

ホイバーグ親子を筆頭に、チームには素晴らしい仲間が揃っている。

まずはエースのブライス・マギャウウェンズ。アメリカでは高校生が星の数でランキングされ、最も優秀な選手たちはファイブスターに格付けされる。ネブラスカ大学史上初のファイブスター・リクルート選手となったのが、このブライスである。

ブライスは絵に描いたような陽気なアメリカ人で、チームにいる四人のパリピのうちの一人だ。しかしバスケに関しては本当にストイックで、オン・オフのギャップが大きい。線は細いが身体能力が高く、シュート力もある。すでに来年（２０２２年）のＮＢＡドラフトで、19位で指名されると予想されているぐらい将来有望な選手だ。

チームを引っ張るもう一人のパリピが、ポイントガードのアロンゾ・バージ。言い方は妙だが、パリピ四人の中でも最もパリピなのがこのアロンゾだ。アロンゾはキャラとプレースタイルが完全にマッチしている。コート上でもイケイケ過ぎて、たまにもっと周りを活かすようにフレッドから注意されているぐらいだ。しかし能力の高さは本物で、試合でも練習の時ぐらい落ち着いてくれれば最高の司令塔になれると思う。ブライスとアロンゾの他、ブライスの兄貴トレイ・マギャウウェンズとデカくて動けるラット・メイエンがパリピで、四人が揃うといつも賑やかだ。

今年ネブラスカ大学は、ファイブスターの一つ下であるフォースターも二人リクルートしている。一人はC.J.ウィルチャー。C.J.は高校時代に僕の憧れであるステフィン・カリーと対談したことがあるという。対談はテレビ越しだったが、カリーの電話番号も知っているし、インスタもフォローされているそうで羨ましいかぎりだ。C.J.とはカリーの話でよく盛り上がる。フォースター・リクルートだけあってゴツいのにシュートがめちゃくちゃ上手い。

もう一人のフォースター・リクルートはウィルヘルム・ブライデンバックというビッグマンで、２０８cmという高身長ながら外からシュートを決めることができる。まだカレッジに慣れていないのか試合では苦戦しているが、練習ではとんでもない高確率なのでいずれ入り出すだろう。

パリピと若手で構成されたこのチームに落ち着きを与えてくれるのが、ジュニア（三年生）のデリック・ウォーカーとシニア（四年生）のコービー・ウェブスターの二人だ。フレッドはキャプテンを指名せず、チーム全員に責任を持たせるスタイルなのだが、デリックとコービーの年長者二人が率先して声を出し、キャプテンのようにチームをまとめてくれている。ちなみにパリピのアロンゾもシニアなのはここだけの話だ。

他のチームメイトたちもいい奴ばかりで、彼らと一緒にＮＣＡＡ優勝を目指すチャンスを得たことを光栄に思っている。

オフはチーム練習のほか、嫌いな筋トレも頑張りデビューに備えた。

ところが、待ち望んでいた開幕戦、僕はスリーを一本決めただけで終わってしまった。それどころか二戦目、三戦目は無得点。決していいスタートとは言えなかった。

今振り返れば、いくつか理由がある。東京オリンピックに出場したのでチームとの合流が少し遅かったこと。カレッジの雰囲気に慣れていなかったこと。そして、レンジャーでのスタイルが他校にスカウティングされていたこと。そういった要因が重なったスロースタートだったと思う。ちなみにシュートが決まらなかったこの時期にも僕にフェイスガード、つまりヘルプ※2にいかず僕だけを止めるディフェンスを用意しているチームがあって、内心「いや、おかしいでしょ」とツッコミを入れていた。

そんな中、シュートがどれだけ決まらなくても、フレッドは僕に打ち続けろと言ってくれた。NBAでシューターとして活躍したフレッドにそう言ってもらえるのは心強かった。

フレッドは鬼軍曹タイプだったレンジャーのコーチ・（ビリー・）ギレスピーやコ

ーチ・(ラリー・)ブラウンとは違い、おおらかな人だ。厳しさはない代わりに、選手をインスパイアすることに長けている。フレッドが教えてくれるNBA時代の話を聞くと、夢であるNBAでのプレーがより身近な、より現実的な目標として感じられる。NBAに入るには、ここで止まるわけにはいかない。

四戦目のアイダホ・ステート戦。僕はこれまでと少し試合へのアプローチを変えてみた。相手は絶対に僕にスリーポイントを打たせたくない。それなら、ドライブ[※3]しよう。

このやり方は効果的だった。ドライブからのフローター[※4]を皮切りに、僕はその後もドライブからリズムを作った。最後は開幕戦以来三試合ぶりにスリーポイントも決めることができた。17分で11点。悪くない出来だ。これでタッチはつかむことができた。

シューターには二つのタイプがある。一つは二本か三本打ったら確実に一本は決めるタイプ。もう一つは五本外しても、次の五本を決めるタイプ。僕は後者だ。それまでいくら外れようが関係ない。入り出したら止まらない。それが僕だ。

開幕から外していた分、決まる時期がくるのはわかっていた。時間の問題だった。そのタイミングは、七戦目のサウスダコタ戦でやってきた。スリーポイント6分の5を含む23得点で、初めてチームのリーディングスコアラーになった。

試合後、ブライスと共に記者会見に呼ばれた僕は「試合の日に一番好きなことはなんですか」と聞かれた。アメリカ生活も三年目に入り、僕の英語もかなり上達した。相手の話はだいたいわかる。ただ、喋る方はまだ苦手だ。苦手意識がある上に質問の答えも浮かばない。試合前の食事が楽しみなんて言ったら笑われるかな。そんなことを考えているうちに時間が過ぎる。焦った僕の口から出た言葉は、

〝Winning（勝つこと）〟

だった。試合の日に一番嬉しいのは勝った瞬間だ。間違いない。

僕はNCAAで勝利を積み重ね、NBAに行く。まずはチームを勝利に導けるようなプレーヤーになれるよう、日々練習に励もうと思う。その姿勢は整っている。

《注》

※1　『ダブドリ』での連載当時は「姿勢」というタイトルのコラムだった。単行本化に当たり加筆修正の上、改題した

※2　ディフェンスプレーヤーが、他のディフェンスプレーヤーのマークするオフェンスプレーヤーに対して行うディフェンス

※3　ドリブルでゴールに向かって切り込むこと

※4　高いアーチでディフェンスの上から放つショット

2021年12月〜2022年 5 月

2
DNP

試合時間残り18・1秒、フリースローを決められて、ネブラスカは1点のビハインドを背負った。

コートエンドでボールを受けたアロンゾがボールをプッシュ※1する。そのままトップ※2からドライブを仕掛けるが、抜き切れずにコースを誘導されてウイング※3から来たヘルプにぶつかると、笛が鳴った。

僕は思わずベンチから立ち上がり、レフェリーのコールを待つ。しかし結果は無情にもチャージング※4の判定。僕は文字通り頭を抱え、天を仰いだ。

その後フリースローで1点加算され、2点ビハインド残り7・4秒。今度はトレイが無理筋のレイアップに持ち込んだところをブロックされ、僕たちのシーズンは終わった。ビッグ10トーナメント初戦敗退。あまりにもあっけない幕切れだった。

負けたことは悔しいが、この試合は今シーズンの僕たちをよく表していたと思う。ボールが回らず、ハンドラー※5で止まる。逆転を狙ってスリーポイントをアテンプトするという選択肢もない。今シーズンのネブラスカは、残り数秒のところでいくつもの接戦を落としていた。

僕にいたっては、シューターとして最後にコートに立つことすらできなかった。それどころか、この試合でコートに立った時間は前半終了間際のたった29・5秒。二つファウルしたトレイを下げるための交代だった。

NBAに憧れてアメリカに来た僕だったが、夢の舞台の一つ、インディアナ・ペイサーズの本拠地ゲインブリッジ・フィールドハウスで行われたこの試合は、苦い思い出になってしまった。

順調な滑り出しだったはずのネブラスカの今シーズンは、一体どのようにして歯車が狂ってしまったのか。

前号（Vol.13）、11月28日のサウス・ダコタ戦で、僕がチームハイの23得点を挙げてチームを勝利に導いた話を書いた。あの試合の後から僕は安定したミニッツをもらうことになったのだが、それと同時にいよいよ強豪校との試合が始まった。

12月2日のノースカロライナ・ステート戦は、四度のオーバータイムにもつれ込む大熱戦となった。僕もシーズンハイの43分出場し、五本のスリーポイントを決めたが、最後はホームの声援に後押しを受けたノースカロライナ・ステートに押し切られて敗れた。

学校ごとのルールなのか州ごとのルールなのか詳しくは知らないが、NCAAには客席でお酒を飲めるアリーナと飲めないアリーナが混在している。ノースカロライナ・ステートは飲める側の大学だったので、オーバータイムに次ぐオーバータイムとなったこの試合は観客の酔い加減と熱狂ぶりがコートまで伝わってくるほどだった。僕はアウェーの方が燃えるタイプなので、盛り上がる客席を静めようと頑張ったが、及ばなかった。特に三度目のオーバータイム終盤で試合を終わらせるチャンスをもらったのに、スリーポイントを外してしまったのが残念だ。

ちなみにネブラスカはお酒が飲めない上にお客さんの年齢層が高い。学生だけでなく、街の人が応援に来てくれるからだ。上品なのはいいが、正直なところ盛り上がりに欠けると思うこともある。来シーズンは素面《しらふ》の客席を沸かせるような試合がしたいものである。

　ノースカロライナ・ステートとの接戦を落としたのを皮切りに、そこから僕たちは五連敗を喫してしまった。

　さらに調子の上がらない僕たちに追い討ちをかけるように、八日のミシガン戦ではウィルヘルム・ブライデンバックが前十字靭帯断裂の大怪我を負ってしまう。ウィルヘルムはスキルのあるビッグマンで、ＮＣＡＡの水に慣れれば大きな戦力になるはずだった。インサイドのロスター[※6]に厚みのないネブラスカにとっては、ウィルヘルムの成長が今シーズンの鍵を握るはずだっただけに、ショッキングな出来事だった。

　ウィルヘルムは僕と同じアパートに住んでいる。怪我は辛かったはずだが、決して僕たちの前では落ち込む様子を見せなかった。今はリハビリしつつ練習と試合に帯同して、戦術理解の面でチームに遅れをとらないよう頑張っているところだ。ウィルヘルムの早期回復を祈っている。

ネブラスカの連敗がようやく止まったのは、12月23日のケネソー・ステート戦である。12月5日のインディアナ戦以来スターターに昇格していた僕は、この日も先発で出場した。序盤からシュートタッチが良く、終わってみればスリーポイント四本を含む18得点を挙げて、サウスダコタ戦以来のチームハイを記録。勝利に貢献することができた。

この試合で悔やまれるのは、スティール[※7]から一人で速攻に向かったシーンだ。ＮＣＡＡで初めてのダンクを狙おうと思ったが歩数が合わず、普通のレイアップになってしまった。ＮＣＡＡは選手の能力が高いのでなかなかチャンスが回ってこないが、来シーズンはダンクを成功させたいと思っている。

とにもかくにも久々の勝利を手にしたネブラスカだったが、ここでクリスマスブレイクに入ってしまったことは不運だった。この勝利を勢いに変える機会が無かったのだ。

クリスマスブレイク、僕はテキサスに藤木雄三さんを訪ねた。雄三さんは、レンジャー・カレッジ時代にお世話になったアスレティック・トレーナーだ。雄三さんがレンジャーに来てから僕たちはすぐに打ち解けて、夜な夜な電話を繋いではサッカーゲームの「ＦＩＦＡ」をプレーする仲になった。

実は、今では僕の一番の趣味になっているゴルフも、最初は雄三さんに教えてもらった。今回の旅行でも一緒にゴルフをしようということになり「ゴルフ合宿だ！」と言いながら二日連続で18ホールを回った。

二日間で火がついた僕たちは、誰もが休むクリスマス当日も営業しているゴルフ場を探すことにした。駄目元でレンジャーの隣町イーストランドにある超ローカルなゴルフ場へ行ってみたが、やはりクリスマスで閉業中。諦めて帰ろうかと思っていたところ、居合わせたオーナーらしき人物がただで回っていいしカートも使っていいと言ってくれて、８ホールをプレーすることができた。日本では絶対に考えられないことで、こういうおおらかさはアメリカのいい部分だと思っている。

雄三さんのおかげで存分にクリスマスブレイクを満喫し、僕は幸せな気持ちでネブラスカへと帰った。しかし、この時の僕はまだ、年明けのネブラスカがさらなる混乱に陥ることなど知る由も無かった……。

年明け初戦は1月3日のオハイオ・ステート戦だった。オハイオ・ステートはカンファレンス内の強豪で、最終的にはNCAAトーナメント進出を果たすことになる。そのオハイオ・ステート相手にネブラスカはオーバータイムで敗れた。格上相手という意味では健闘したと思われるかもしれないが、実際には残り36秒5点差から追いつかれ、オーバータイムで負けるという最低な試合内容だった。相手のエース、E.J.リデルをダブルチーム※8で抑える作戦が機能していただけに、非常にもったいない負け方だったと思う。

ノースカロライナ戦の後と同様に、この接戦を落としたことがネブラスカの勢いに大きく影響を及ぼした。ひょっとしたら今シーズンの命運を分けた一戦だったと言ってもいいかもしれない。ここからネブラスカは10連敗を記録することになる。

連敗が長引いた要因はいくつかある。

まずはメンタル。今シーズンはいくつも接戦を落としたことで、次は勝たなければと思う気持ちが強くなり過ぎた。特に、接戦になればなるほどその傾向は強くなった。自分たちへのプレッシャーが焦りに変わり、さらに接戦を落とす結果へとつながった。

ウィルヘルムが抜けたインサイドも厳しかった。同じ強豪校でもペリメーター主体[※9]のチームとは戦えたが、インサイドの強いチームには圧倒されることが多かった。1月12日のイリノイ戦や1月15日のパデュー戦がいい例だ。イリノイ戦では213cm129kgの巨漢、コフィ・コーバーンを止めるのに必死になり過ぎて、トレント・フレージャーというペリメーターの選手に簡単な得点を許し続けてしまった。

パデュー戦は勝負にすらならなかった。パデューのセンター、ザック・イディは224cmの大男だ。対するネブラスカのフロントコート陣[※10]は、スタートのデリックとラットが206cm、控えのエドゥアルドが211cmと標準と比べても低い。その上ラットとエドゥアルドにいたっては幅もない。高さだけでなく平面の強さでも勝負にならなかった。この試合のザックは20分で22得点を記録。デリックとラットとエドゥアルドは合わせて20点だった。

しかし、一番の問題はメンタルでもインサイドでもなかった。

ボールムーブメントだ。[※11]

正直なところ、インサイドに強みがないことはシーズンが始まる前から織り込み済みだった。サイズがない代わりに機動力を活かし、素早いボールムーブメントと適切なスペーシング[※12]でスリーポイントを決める。これが当初のプランだった。

フレッドは練習からボールムーブメントを重んじた。その結果、僕たちは素晴らしいボールムーブメントを習得した。

ところが、ボールが動くのは練習の時だけだった。

試合になると、まずポイントガードのアロンゾがボールを止めた。アロンゾからボールが離れても、今度はブライスのところでボールが止まった。ＮＢＡ行きを狙っているブライスがボールを止めるのは理解できた。なにせネブラスカ史上初のファイブスター・リクルートなのだから、フレッドとしても是が非でもブライスには活躍してもらい、ＮＢＡに到達してもらう必要があった。ブライスがＮＢＡに行けなければ、今後有望な若手がネブラスカを選ぶことはなくなってしまう。

ボールムーブメントを重視したオフェンスに、ブライスの個人技を織り交ぜる。これが今シーズンのネブラスカの理想だった。だからフレッドも口酸っぱくアロンゾにボールムーブメントの重要性を説いたのだが、だめだった。なにせ練習ではできるのだ。それなのに試合になるとやらなくなる。

これ以上練習での改善は望めないと思ったのか、1月28日のウィスコンシン戦ではアロンゾより長い出場時間を控えポイントガードのコービーに与えるなどしたが、それもアロンゾには響かなかった。

最終的にフレッドが取ったのは、ボールムーブメントを捨てて能力の高い選手を並べるという作戦だった。アロンゾとブライスに、怪我から戻ってきたブライスの兄、トレイが加わってゲームを組み立てた。それを三人のインサイド陣とコービー、そしてシューターのC.J.がサポートするというローテーションになった。

理想の逆に振り切ったことで、アロンゾの個人能力を活かしたゲームメイクが力を発揮し、僕たちはシーズン最後の三試合を連勝で締めることができた。

しかし、当然のことながらこの戦い方には限界があった。冒頭で書いた通り、僕たちのシーズンはビッグ10トーナメント初戦で終了したのだった。


個人としては、手応えを得ると共に課題を突きつけられるシーズンとなった。

手応えとしては、まずはNCAAの強度に慣れることができたのは良かったと思っている。NCAAレベルのディフェンス相手でも僕のシュートは十分に通用するし、サウス・ダコタ戦やケネソー・ステート戦のようにいくつかの試合では活躍することもできた。今でもサウス・ダコタ戦での興奮は鮮明に覚えている。

それにも増して良かったのは、ディフェンス面での成長を実感できたことだ。桜丘高校時代の僕しか知らない人は驚くかも知れないが、アメリカに来て以来、徐々にディフェンスの面白さがわかるようになってきた。面白さがわかることで必要なトレーニングにもやる気が出たし、トレーニングをしてフィジカルが強くなるとさらにディフェンスが上達するという好循環になっている。

それに、ネブラスカのディフェンスと僕の相性も良かった。ネブラスカはインサイドが弱いので、積極的にボールにプレッシャーをかけ、いいパスが通らないよう他の選手も足を動かす必要があった。そこでフレッドは、試合後に各プレーヤーのディフレクションの数を貼り出した。ディフレクションとはドリブルやパスに手を出して弾くことで、相手のオフェンスを遅らせる、楽なシュートを打たせないという意味で重要なハッスルプレーだ。我ながらパスの流れを読むのが得意なこともあり、僕はシーズン中いつもこのディフレクションの数で上位の方にいた。

フレッドにディフェンスで信頼されているのを実感したのは、1月6日のミシガン・ステート戦だった。この試合、僕は相手のエース、ゲイブ・ブラウンのマークを任されたのだ。

ゲイブはＮＢＡドラフトにかかるかも知れない優秀な選手で、２０３㎝という長身ながらスリーポイントもあり、ドライブからフィニッシュすることもできる。僕のミッションはゲイブにスリーポイントを打たせず、できるだけドライブさせることだった。

この試合のゲイブはフィールドゴール15分の6だから、悪くもないが良くもない。気持ちよくプレーさせることは阻止したわけだが、僕が驚いたのはどんなにチェックにいってもわずかな隙を見逃さずにスリーポイントを打たれたことだ。フィールドゴールのうちスリーポイントだけを抜き取ると5分の2。ゲイブがきちんと仕事をしたことがわかる。

ゲイブ同様、強豪校のエースたちはどんなに対策をされてもその上から決めてきた。オーバーンのジャバリ・スミスやパデューのジェイデン・アイビーといった次のドラフトで上位指名を予想される選手たちとも戦ったが、彼らもそうだった。

ラトガーズのロン・ハーパー・Jr.は、シカゴ・ブルズやロサンゼルス・レイカーズの優勝メンバーとして有名なあのロン・ハーパーの息子だが、彼はどんなに調子が悪くてもクラッチタイム※13ではシュートを落とさなかった。

アイオワのキーガン・マレーにいたっては対策すら打てなかった。離したら打たれるし、詰めたら抜かれる。ヘルプの上から決めるサイズとシュート力も兼ね備えている。どう止めたらいいかわからない、というところまでネブラスカは追い込まれた。

翻って考えれば、僕の課題はここにある。

チームが個人能力で打開する方針に舵を切ったとき、僕はローテーションから外れた。こんなにベンチを温めたのも、健康なのにDNP※14を食らったのもバスケ人生で初めてだった。わずかな出場時間に備えて入念にアップするようになったが、それにも限界があった。長い間ベンチにいると体は固まる。なかなか試合のリズムに入っていけない。慣れた頃にはもう交代だ。

加えて気持ちの面でも焦りが生じていた。このシュートを外したらまたベンチに戻されるかも知れない。これまでには浮かびもしなかったそんな考えが頭を過ったりもした。

３月２日のオハイオ・ステート戦の後、フレッドは僕に言った。

「出すつもりだったが、機会が訪れなかった」

違う。全てが逆なのだ。

僕のディフェンスはアメリカに来てから良くなっている。しかし、僕がＮＢＡに行くには、オフェンスで活躍するより他にチャンスは無い。

ゲイブ・ブラウン、ジャバリ・スミス、ジェイデン・アイビー、ロン・ハーパー・Jr.、キーガン・マレーといった強豪校のエースたちと同じように、どんなに対策されようが、どんなにチェックにこられようが、その上からシュートを沈め続けなければならないのだ。

タフなシチュエーションでもシュートを決めることができれば、フレッドも、

「休ませたかったが、機会が訪れなかった」

と言うはずだ。

今シーズンの僕にはその力が無かった。

そう考えると、僕の課題は明確だ。来シーズンは、自分が肌で感じた強豪校のエースたちと同じレベルに到達すること。そのためには、フィジカル、ハンドリング、シュート力全てを進化させる必要がある。やってやるさ。オフシーズンは全てをそのために注ぐつもりだ。

シーズンが終わった今は、束の間の休息期間だ。

休息といっても一日家でダラダラするのは性に合わないので、旅行やゴルフをして過ごしている。

ゴルフと言えば、こないだ人生で初めて１００を切った。勝因はＯＢを出さなかったこと。毎ラウンド二、三個はボールを失っていたので、それが無くなっただけでも五打前後はスコアが良くなる。ドライバーの調子も戻ってきたし、まだまだスコアを伸ばしていけそうだ。実はまだ日本でプレーしたことがないので、帰国したときは是非回ってみたいと思っている。

ＮＣＡＡトーナメントは、あまり真剣に見る気力が起きなかった。同じビッグ10カンファレンス所属のチームを応援しようと思っていたのだが、残念ながらどのチームも上の方まで勝ち上がることができなかった。

いいところまで行くはずだと思っていたアイオワさえ、初戦であっさりと敗退してしまった。キーガンは相変わらずの活躍で21点取っていたが、それでも足りなかった。

その代わり、女子のトーナメントはちょくちょく観戦した。今野紀花選手のルイビル大学がトーナメントを勝ち進んだからだ。最終的な成績はファイナルフォー。トーナメント出場すらできなかった僕から見たら偉業である。今野選手には心から拍手を送りたい。

シーズンが終わっても授業が残っているため、大学には通わなければならない。と言っても、正確にはオンラインの授業が多いのだが。

日本では決して勉強ができる方ではなかった僕だが、実はアメリカでは優等生である。

これには種も仕掛けもあって、アメリカは日本と採点の方式が違うのだ。日本のようなペーパーテストはほとんどなく、期日までにレポートを出せば一定の評価をもらえることが多い。テストがあるとしても大半はオンラインで受講でき、用意した資料を見ながら答えることができる。これなら暗記が苦手な僕でも問題ない。

学部は人間開発学部だが、白状すると一番簡単な学部だからと勧められるがままに入ったので、興味は全く無い。ただ、一年目で可能な限りの単位を取ったので、次の学年に上がれば学業面の負担が大分減る予定だ。バスケットボールに専念するためにも、取りこぼさずに単位を取得したい。

単位と言えば、チームの最年長デリックは卒業に必要な単位を全て取り切っている。ただし大学に残ってバスケをやるために、一教科だけ受講しているのだそう。早く僕もその状態になりたいものだ。

そのデリックは、来シーズンもチームに残ることが決まった。堅実なプレースタイルのデリックが残るのは大歓迎だ。他のチームメートたちも、次々と来シーズンの身の振り方を決めている。

デリックの他にチームに残るのは、今シーズンを怪我で棒に振ったウィルヘルム、そして僕と同じシューターのC．J．だ。幸いにもチームプレーのできる選手たちが残ってくれることになった。

ブライスは予定通りNBAドラフトに向かうことが決まった。一巡目下位でドラフトされると各サイトで予想されている。なんとなく、ブライスならニューヨーク・ニックス[※15]のR．J．バレットぐらいの活躍はするのではないかと僕は思っている。指名順位にもよるが、ミニッツさえもらえれば平均で15点ぐらい取ってもおかしくはない。

兄貴のトレイも現在ブライスと一緒にトレーニングしているそうなので、おそらく彼もGリーグ[※16]など次のステップに進むだろう。

いい意味でも悪い意味でもチームの主役だったアロンゾも、サマーリーグ[※17]経由でのNBA入りを目指すそうだ。もしかしたらブライス、トレイ、アロンゾがサマーリーグで戦う姿を見ることができるかもしれない。

その他、身体能力の高さが売りの控えセンター、エドゥアルドは他校へトランスファー[18]することが決まった。控えガードのコービーは大学を卒業する。

去る者もいれば、来る者もいる。先日、ラメル・ロイドというフォースターのガードがネブラスカへの入学を決断したことが話題になっていた。ラメルがプレーしていたシエラ・キャニオンは、あのレブロン・ジェームズの息子ブロニーが通う高校として知られている。どんなプレーをするか楽しみだ。

他にも優秀なフレッシュマンたちが入ってくるだろう。もちろん、ローテーション入りを目指して彼らと切磋琢磨するところからスタートだが、僕も後れを取る気はない。スターターを勝ち取って、彼らと共にNCAAトーナメント優勝を目指すつもりだ。

《注》

※1　ボールをゴールに向かって運ぶこと

※2　フリースローを行う半円のセンターライン寄りの地点。現代ではスリーポイントライン外側、センターライン寄りを指すことも多い
※3　フリースローラインの仮想延長線とスリーポイントラインが交わるエリア
※4　オフェンス側がディフェンス側に不当な接触をすること
※5　ボールを保持し、プレーの選択権を持っているプレーヤー
※6　登録プレーヤーの名簿。ここでは選手層のこと
※7　パスやドリブルをカットして自チームのボールにすること
※8　ボールマンに対して二人で守ること
※9　オフェンスにおいて、主にアウトサイドでプレーするプレーヤー
※10　センターとフォワード
※11　オープンショットを作るためにパスやドリブルでボールを動かすこと
※12　味方同士の間隔
※13　接戦において、勝敗を決定づける試合終盤の局面
※14　不出場
※15　2023年12月、トロント・ラプターズへトレードされた
※16　NBAの下部リーグ
※17　NBAのシーズンオフに行われるリーグ戦。主に新人や若手の育成、実績が無い選手のトライアウトを目的として開催される

※18転校

2022年 6 月〜2022年 9 月

3 ロゴスリー

日本に帰国して一ヶ月、僕は久しぶりにゆっくりと家族との時間を過ごす事ができた。

バスケファンの皆さんはご存知の方も多いだろうが、我が家はバスケ一家だ。中でも一番有名なのは父の啓之だろう。２１１cmの大男で、日本代表でもプレーしていた。この夏は父に打ちっぱなしやショートコースに連れて行ってもらったが、ゴルフクラブが小さすぎて苦労していた。父が持つとドライバーも杖に見える。

母のひとみも父と同じ三菱電機でプレーしていた。妹の千尋も福岡の精華女子にバスケ留学している。

こんな家庭環境だから、僕は幼い頃からずっとバスケばかりしていた。我が家には赤ん坊の頃の僕がボールで遊んでいるビデオがある。記憶に残っているのは3歳頃からで、父の試合の日に愛知県体育館※1へ連れていってもらい、コートサイドで遊ばせてもらったのを覚えている。父はキャリア晩年でベンチにいることが多かったが、それでも現役時代を僕に見せることができたのは嬉しかったことだろう。

富永家の教育はどちらかと言えば父が叱り役で、母が見守り役だった。叱られる内容は大体メンタルのことだ。僕は毎試合同じモチベーションで臨んでいるつもりだが、父から見るとやる気が感じられない日があったようで、そんな日は帰りの車でぶつぶつ小言を頂戴した。

大人になってから気づいたのだが、僕は強い相手の方が燃えるタイプのようだ。先日五人制のフル代表に招集された際も、楽勝ムードだったアジアカップのフィリピン戦はいまいち調子が上がらなかった。その代わり、ワールドカップ予選で完敗したあとに迎えたアジアカップでのオーストラリア戦では、腹の底から闘志が湧いてきた。

今思えば、当時の父は僕のそういうところが気になったのかもしれない。しかし、これればかりは直しようがないので諦めている。なにせ当の本人は毎試合頑張ろうと思っているのだ。楽な相手だからといって手を抜いているわけではないということは弁明しておきたい。

父と違い、母はバスケについてあまり口を出してこなかった。小さい頃は風呂に入った後にまた庭でバスケをして洗濯物を増やすこともしょっちゅうだったのに、文句一つ言われたことが無い。

バスケに関しては見守り役だった母だが、学校の成績については厳しかった。「勉強しないと後々苦労する」と口酸っぱく言われた。その代わり、学業については父は何も言ってこなかった。両親が意図的にそうしたのかは定かではないが、バスケにしても勉強にしても二人から一遍に責められることが無かったのはありがたかった。

両親の教えで共通しているのは、礼儀を重んじることだ。特にミニバス時代は二人が僕のコーチだったこともあり、常々礼儀の大切さについて話していたのを覚えている。今でこそコートに入る前に一礼することは無いが、心の中ではそういう気持ちを持って足を踏み入れているつもりだ。

妹とは五つ離れているが、昔は喧嘩が多かった。喧嘩と言っても内容は僕が妹を無理矢理バスケに付き合わせようとして怒らせるといった他愛のないものだが。

高校に入ると僕が寮生活になったこともあり、両親に叱られることも、妹と喧嘩することも無くなった。特に母に成績表を見せないで済むのは気楽だった。おかげでプレーに専念できたが、成績は悪かった。母の力は偉大である。

代表活動が始まると、家族とのんびり過ごした一ヶ月が夢だったかのように忙しくなった。

五人制のフル代表には初招集となったが、河村（勇輝）がいたこともあってあまり緊張せずに済んだ。河村とはアンダーの代表で共に戦った仲間だし、アメリカに行ってからもちょくちょく連絡をとりあっている。河村とプレーしたのは二年ぶりだったが、相変わらずとんでもないタイミングでパスが来るので一緒にプレーするのが楽しい。

高校卒業時に留学についてアドバイスをもらった（渡邊）雄太さんと会うのも久しぶりだった。雄太さんから直接ＮＢＡの話を聞くのはモチベーションになる。ディフェンスが売りの雄太さんでもＫＤ（ケビン・デュラント）にボールを持たれたらシュートが外れるのを祈るしかないと言っていたのが印象的だった。雄太さんはこの夏（２０２２年）にブルックリン・ネッツと契約したので、練習ではＫＤとマッチアップすることも多いだろう。今頃ＫＤの止め方を発見しているだろうか。いずれにせよ、僕も早くスター選手のすごさを体感してみたいものだ。

　他にも今回の代表には（西田）優太さんや（井上）宗一郎さんら世代の近い選手がいたおかげで、スムーズにチームに溶け込むことができた。

　オフコートだけでなく、コート上でも素早くチームにフィットすることができたと自分では思っているのだが、その理由はホーバスＨＣの戦術にある。

　オフェンスではまずスリーポイントを狙えと言われている。フリーなのにスリーポイントを打たずにパスをしようものなら怒られてしまう。割合で言えばアテンプトの七割以上はスリーポイントを打つのが目標だ。

　相手がスリーポイントを防ぎにくれば簡単にドライブできる。ヘルプが来ればキックアウト[※2]してまたスリーポイントを狙えばいい。狙いが僕の大好きなゴールデンステート・ウォリアーズに似ているので、理解しやすい。
ディフェンスの方はウォリアーズよりも僕が所属するネブラスカ大学に似ている。スイッチのルールは若干違うが、ベースライン※3のケアやヘルプの出方がほぼ同じなのでスムーズに対応することができた。

　印象に残っているのはオーストラリアとの二試合だ。最初の試合は僕の五人制フル代表デビュー戦だった。緊張こそしなかったものの、ついにこの舞台まで来たかという感動はあった。特にクリーブランド・キャバリアーズ時代によく見ていたマシュー・デラベドバと同じコートに立ったのは感慨深かった。

　デビュー戦で僕はスリーポイントを五本決めて18得点を挙げたが、日本は52対98と46点の大差でやられてしまった。アンダーでやってきた相手とは全くフィジカルが違うことに加え、オーストラリアのフォワードはシュートやドライブの技術も持ち合わせていた。

　貴重な経験が得られたものの悔しい気持ちも強かったので、アジアカップでリベンジのチャンスが来た時は興奮した。この試合は最初のシュートが入ったこともあり、序盤からリズムに乗ることができた。以前も書いたが、僕はシューターとして安定したタイプではない。その代わり、入り出したら止まらないタイプだ。この試合は最終的にスリーポイントを八本沈め、33得点を記録した。残念ながら85対99の敗戦となってしまったが、怪我で雄太さんがいなかったことを考えれば収穫は大きかったと思う。

この試合の終盤、僕はロゴスリーを決めた。スリーポイントラインより二、三歩下がって打つシュートをディープスリー、中でもチームや大会のロゴが描かれているセンターサークルに足がかかるぐらい遠くから打つシュートをロゴスリーと言う。

ネブラスカでも頭文字を取ってロゴKと呼ばれることがあるぐらい僕の代名詞になっているロゴスリーだが、実は実戦で打ち始めたのは割と最近のことだ。公式戦で打ったのは確か高校最後のウインターカップが初めてだったと記憶している。

そもそも中学校までの僕はほとんどキャッチ・アンド・シュートしか打っていなかった。もちろん相手が飛べばワンドリからプルアップ[※4]、レーン[※5]が空けばレイアップを試みたが、自分でクリエイトするというタイプではなかったのだ。

そんな僕が今のスタイルに辿り着いた転機は二つある。一つは桜丘高校で林永甫コーチからエイトクロスという戦術を習ったことだ。エイトクロスはシューター向けのオフェンスで、左右両サイドで味方のスクリーンを利用することができた。ディフェンスの動きを読んで、アンダーに対してはポップ、チェイスしてきたらカール[※6]という細かい練習をみっちりとやったおかげで、状況判断が上手くなった。

もう一つの転機はU16、U18とアンダーの大会に出場したことだ。それまでの僕は一度も代表に呼ばれることは無かったのだが、国際大会に出たことで一気に自信がついた。身長が急激に伸びて、ポストアップ[※7]のようなそれまでは選択肢に無かったプレーができるようになった時期も重なった。高三のウインターカップで初めて僕を知った方も多いと思うが、実際それまでは無名で実績も無かったのだ。

話をロゴスリーに戻すと、打ち始めたきっかけは国際大会では簡単にスリーポイントを打たせてもらえないことに気づいたからだ。帰国後に遊び半分で遠くから打っていたら意外と入るので、ウインターカップで実戦投入した。その結果がウインターカップ得点王で、今では僕の代名詞になっている。

人生何がきっかけでどう転がるかわからないものだ。

わからないと言えば、来シーズンのネブラスカについてはまだ不透明なことが多い。チーム練習がようやく始まったところで、フレッドから細かい戦術やローテーションについての説明を聞いていないのだ。ただ、一つわかっているのは今年もサイズのある選手をリクルートしなかったことで、戦術については大きく変わらないと想像することはできる。

昨シーズンもローテーションに入っていたメンバーで残っているのは、チーム最長のデリック・ウォーカー、怪我から復帰したウィルヘレム・ブライデンバック、そして僕と同じシューターのC.J.ウィルチャーの三人だ。みんな能力も高いがチームバスケットを大事にするメンバーなので、今年も一緒にプレーすることができて嬉しい。

新しいメンバーについてはまだわからないことも多いが、おそらくローテーションに入るだろう三人を紹介しよう。

まずはサム・グリーセル。他校からトランスファーしてきたシニアのガードだ。ネブラスカ出身らしいので、地元凱旋に燃えていると思う。昨シーズンにメインガードを務めていたアロンゾ・バージと違い、パスファーストらしいので期待が持てる。

そしてジュワン・ギャリー。ジュワンもサムと同じくトランスファーでネブラスカにやってきた。サイズはそこまでないが、体が強い。ラット・メイエンやエドゥアルド・アンドレといった能力の高い選手たちが抜けた穴を埋めてくれるだろう。

最後にアフリカのマリ共和国出身のブレイス・ケイタ。彼は僕と同じくジュニア・カレッジからネブラスカにトランスファーしてきた。２１１cmとチームで一番高い上にスキルもある。ただしセットを覚えるのが苦手なようで、いまだ苦戦している。

残念なことにフォースター・リクルートで加入したラメル・ロイドJr.はレッドシ

ヤツ※8になった。レブロン・ジェームズの息子ブロニーが通っているシエラ・キャニオン高校出身で能力の高いウイングだが、モメンタム※9が変わってしまうようなとんでもないミスが多く、コーチ陣の協議で今シーズンのデビューは時期尚早という結論に達したようだ。鳴り物入りで入ってきてもデビューできないのだから、改めてここは厳しい世界なのだと感じた。

僕個人は代表で経験を得られたことに加え、昨シーズンの開幕時より体重を増やしてシーズンを迎えることができそうで嬉しい。このオフは嫌いな筋トレに精を出した。目標としていた80kgの大台に乗せることができたのは自信になる。

体重の重要性は、ステフィン・カリーを見ればわかるだろう。デビュー時は細い印象だったが、年々体を大きくしていった結果、今ではあの屈強な男たちが集まるＮＢＡのゴール下で体をぶつけあいながら簡単にレイアップを決めるまでになっている。僕もトレーニングを続けてあれぐらいのフィジカルを手に入れたい。

カリーと言えば、今年のプレーオフは全ての試合を見ることができた。四回目の優勝を見届けることができたのは良かったが、ウォリアーズが強すぎて感動が薄かった気がする。ファイナルにいたってはボストン・セルティックスが白星を先行したにもかかわらず全く負ける気がしなかった。見応えのあるシリーズにはならなかったが、大好きなカリーが初のファイナルMVPを獲ることができたのは最高だった。

いつか僕もあの舞台に立ちたい。改めてカリーからモチベーションをもらうことができた。そのためにも、まずはNBAに行く。その夢を叶えるには、最低でもNCAAトーナメント出場を果たさなければならない。新たな挑戦の始まりに、今からワクワクしている。

《注》

※1　2018年よりドルフィンズアリーナ
※2　ドライブ後にアウトサイドのプレーヤーにパスを出すこと
※3　コートを区画するラインのうち短い方のライン
※4　ドリブルからのジャンプシュート
※5　バスケットへ向かう道。ドライビングレーン

※6　ディフェンスがスクリーンの下を潜ったらスリーポイントラインの外に出る、スクリーンの上から追いかけてきたらスクリーンを回り込んでバスケットへカットする

※7　ポストでバスケットに背を向けてボールを受けとること

※8　公式戦に出ない選択をすること。NCAAでプレーできるのは4シーズンまでだが、レッドシャツのシーズンは加算されない

※9　流れ

2022年 4 月〜2022年11月

4

フィジカル

僕のキャリアは遅咲きに分類されると思う。

正確に言えば、ミニバスまではチームの中心選手だった。何せ生まれた時からボールを与えられて育ったし、幼い頃から元実業団選手の父と母が熱心に教えてくれたので、他のチームメートより経験値が高かったのだ。

しかし中学校に進んでからは、ウィークサイド[※1]で待機してキャッチ・アンド・シュートを打つロールプレーヤー[※2]に甘んじることになる。成長が遅く身長が低かったため、オープンのシュートを打つ以外にオフェンスでできることが無かったからだ。

当然のことながら、後にプロになるようなバスケエリートたちが世代別代表を経験する中、僕は中学時代一度も日の丸を背負う機会をもらえなかった。

そんな中学時代に実は一度、八村塁選手に会ったことがある。明成高校の佐藤久夫先生が八村選手を連れて岩成台中学校までリクルートに来たのだ。リクルートの対象は一個下の横地聖真だった。当時の僕は「おお、すげえ！」などと周りで盛り上がっている中の一人に過ぎなかった。

高校に進学してからもしばらくはキャッチ・アンド・シュートが僕の仕事だった。転機となったのは高校の途中で身長が急激に伸びたことだ。おかげでできることが増え、U16、18の代表に選出された。そこで自信を付けたことがウインターカップ得点王に繋がったのは以前書いた通りだ。

つまり、アンダーの代表をチェックしているようなコアな人たちを除く一般的なバスケファンにとって、ウインターカップ開始時点での僕は無名の存在だったし、だからこそあの活躍のインパクトが大きかったのだと思う。

さて、昨シーズン（2021－22シーズン）の僕は中学時代と同じようにチームの主役になれずにいた。シーズン途中からはベンチを温めることが多くなったし、それどころかバスケ人生で初めて健康にもかかわらずDNPを経験することになった。

あの頃と同様、キャリアの停滞を脱する必要がある。しかし、高校時代のような奇跡は望めない。なにせ身長はだいぶ前に止まってしまったのだ。

縦に成長できない今、どうすればこの状況を改善できるか。その答えに僕は薄々気づいていた。

縦に成長できないなら、横に成長すればいい……。


正直なところ、僕は筋トレが嫌いだ。

桜丘高校では本格的な筋トレをしたことが無かったし、日本でプレーする分にはそれで困ることも無かった。

僕が初めて本格的な筋トレを経験したのは、高校卒業後に入学したレンジャー・カレッジ時代のことだ。

レンジャーは片田舎の短大ということで、大学の規模は小さく、設備も古かった。例えばバーベルを上げるにしても握る部分がガサガサで、筋肉が疲労する前に手のひらが痛くなってしまった。

レンジャー時代は渡米当初こそアメリカ人にフィジカルで負けることが多かったものの、当たりに慣れてからは問題なくプレーすることができた。筋トレではなく慣れで解決できたので、トレーニングの習慣はついぞつかなかった。

念の為に書いておくと、僕が勝手に筋トレをサボっていたわけではない。桜丘同様レンジャーでも練習に筋トレのメニューがほとんど無かったのだ。古いトレーニング器具はあったが、ストレングス・コーチ[※3]はいなかった。

そんなレンジャーで、僕に初めて本格的な筋トレを指導してくれたのは下澤幸代さん、通称キヨさんだった。

キヨさんは僕がフレッシュマンだった頃にレンジャーで働いていた日本人アスレティック・トレーナーだ。僕は当時全く英語が喋れなかったので、入学の書類を書く段階からキヨさんにお世話になりっぱなしだった。

アスレティック・トレーナーというのは練習前後に選手の体をケアし、パフォーマンスが向上するようサポートする仕事だ。筋トレの指導は本職ではないのだが、キヨさんはストレングス・コンディショニングの知識も持っていた。

確か1シーズン目が終わった後のオフだったと思う。コロナ禍で長期間練習が無くシューティングしかできなかったので、キヨさんが僕のフィジカルを心配してメニューを組んでくれた。リフティングやデッドリフト、ベンチプレスといった筋トレの基本はその時に学んだ。

フィジカルという点で、トレーニング以外でもキヨさんにお世話になったことがある。これも長期のオフのことだ。オフになると学校のカフェテリアも閉まるのだが、レンジャーの学生寮にはキッチンが無い。オフの間中コンビニのご飯か外食では体に悪いだろうということで、キヨさんの自宅にお邪魔して惣菜を作り置きさせてもらった。

実は中学時代、僕は父と二人暮らしをしていた。実家のある学区の中学校はバスケ部が無かったので、わざわざ引っ越して違う学区の中学校に通っていたのだ。基本的には米を炊くだけで、惣菜は家に届くようになっていたのだが、育ち盛りだったこともあり、足りない分は自分で簡単な料理を作って食べていた。

そんな頃を思い出しながら久々にレンジャーで料理をしたのはいい思い出だ。ちなみに、我ながら料理の腕はいい方だと思う。もちろん作るのは簡単なものだけだが、ネブラスカでルームメイトのサムに振る舞ったところかなり気に入ったようで、〝oyakodon〟や〝udon〟といった料理名を覚えて、たまに作ってくれと頼まれるようになった。

キヨさんは2シーズン目の冬に退職されたが、体のケア以外の部分でも大変お世話になった。この場を借りて感謝の言葉を述べたいと思う。ありがとうございました。

結局レンジャーではフィジカル強化に取り組まずに終わったが、ネブラスカに入る以前も体を大きくしなければならないと感じる瞬間はあった。

3x3がその典型例だ。

レンジャー・カレッジ卒業後に僕は3x3の日本代表に選ばれ、東京オリンピックに出場することになった。五人制のバスケットボールでは通常のフィールドゴールが2点なのに対し、アークの外から決めたフィールドゴールは3点なので、1・5倍の価値がある。これが3x3になると得点の配分が1点と2点になるため、アークの外から決めるシュートの価値が2倍と、相対的に五人制より高くなる。外からのシュートが得意な僕にとってはこの上ない条件だ。

ところが、この競技には僕にとって不利な面もある。

3x3では六人しかフロアにいないので、五人制と比べるとスペースが広大だ。それにも関わらず相手に2点を決めさせたくない。そうなると、ディフェンスは意地でも1 on 1を止めなくてはならなくなる。2点を封じるには深くヘルプに行くわけにはいかないからだ。

3x3は長身でオールラウンドにプレーができる選手が多い。僕もエナジーを出してディフェンスする方だが、ヨーロッパの大きくて屈強な選手たちを1 on 1で守り続けるのはなかなかしんどかった。

東京オリンピックのチームメートは帰化枠のアイラ・ブラウン、Bリーガーの保岡（龍斗）さん、そして3x3界のレジェンド落合（知也）さんの三人だった。

僕は保岡さんと共に、主に外から得点を取る役割を担った。チームで一番のエリート・アスリートであるアイラには攻守に渡って能力を発揮することが期待された。

そんな中、オフェンスの時はスクリーン、ディフェンスの時はポストのディフェンスと、外国の選手を相手に体を張り続けたのが落合さんだ。

落合さんと初めて会ったのは高校か高校を卒業してすぐぐらいの頃で、僕は３x３のU23代表、落合さんはフル代表という立場だった。とにかく体が強く、ガンガン体を当ててくる落合さんを全く止められなかったのをよく覚えている。

試合中は例え落合さんが相手でも負けん気が出る僕だが、高校生の頃はコートを離れると割と人見知りな方だったので、知り合った当初は見た目がいかつくプレーも激しい落合さんを敬遠していた。

しかし、代表で共に遠征や合宿をする中で、本当は親しみやすく面倒見もいい人だと知り、いつの間にか僕の兄貴のような存在になっていた。

落合さんが面白いのは、僕にくれるアドバイスの内容がバスケットボールと関係ないというところだ。例えば自分の身なりに投資する意義や、ＳＮＳのフォロワー数の価値など、他の先輩とは違ったことを教えてくれる。

ここ数年は帰国のたびに必ず落合さんと食事に行くのだが、毎回ご馳走になっている。兄貴、いつもありがとう。

さて、話をフィジカルに戻そう。

落合さんが外国の選手相手にも体を張るという話をしたが、落合さんは趣味のようにウエイトトレーニングをこなす。当然のことながらトレーニングで上げるウエイトも僕より重い。それも段違いに重い。一度「啓生、これを上げてみろ」と言われたので落合さんの上げているウエイトに挑戦したが、全く上がらなかった。

フィジカルが強くなれば外国の選手ともやりあえる。しかし、そのためには落合さんのようにトレーニングに励まなければいけないことは明らかだった。

実はネブラスカに加入して以来、フレッドからも折に触れてフィジカルを強化するよう言われていた。

僕は失意のソフモア・シーズン（２０２１－22シーズン）が終わった後、その言葉に従った。五人制の日本代表で活動した期間の前後、人生で初めて筋トレで体をいじめ抜いたのだ。昨年の夏にもトレーニングはしたが、今回こなした量はそれとは比べ物にならなかった。

どこまで直接的に筋トレと因果関係があるかはわからないが、僕は代表で結果を残し、ネブラスカに帰ってからも好調を維持したままジュニア・シーズンの開幕に備えた。

迎えた開幕戦、フレッドがスターターに選んだのは、１９８㎝の大型ＰＧサム・グリーセル、シューターのＣ．Ｊ．ウィルチャー、今季のメンバーで最も個人能力の高いエマニュエル・バンドーメル、ビッグマンとしてはアンダーサイズながら高い運動能力でカバーするジュワン・ギャリー、そしてサイズがあり体も強いブレイス・ケイタという五人だった。

スターターに選ばれなかったのは残念だったが、とは言え気落ちはしていなかった。

今シーズンは個人としてもチームとしても躍進できるという期待感があったからだ。

個人技に走りがちだった昨シーズンのメンバーと違い、今シーズンのメンバーはパスが回る。シューターのセットがコールされればきちんと遂行してくれる。ようやくチームで戦うことができるのは嬉しいし、特に僕のようなシューターにとってこの変化は大歓迎だ。

さて、この日は開幕戦にもかかわらず、一万五千五百人収容のアリーナに一万三千人弱しか観客が集まらなかった。男子バスケットボール・チームはここ数年低迷していたこともあり、人気があるとは言えないのが現状だ。アリーナを埋めたいという思いも、勝利へのモチベーションに繋がっている。

そんな僕たちにとって朗報だったのは、アリーナでの飲酒が解禁されたことだ。昨シーズンは客入りもまあまあな上に観客が全員素面《しらふ》だったので、他校のアリーナと比べるとかなり静かだった。プレーしていても物足りなく感じることが多かったというのが、偽らざる気持ちだ。

お酒の解禁は、予想通りポジティブな効果をもたらした。選手入場から盛り上がり方が違う。僕も早くこの環境でプレーしたいとうずうずしていると、前半残り14分辺りでフレッドに名前を呼ばれた。

最初のアテンプトは外れたが、デニム・ドーソンがオフェンシブ・リバウンドで繋いでくれて、セカンド・チャンスでスリー・ポイントを沈めることができた。観客は割れんばかりの大歓声だ。

タッチを掴めたのでそこからはアグレッシブに狙っていった。しかし、2本連続で外したところで一度ベンチに下げられた。昨シーズンの終盤ならここで出番が終わってしまうところだが、ありがたいことに今シーズンは中心選手の一人としてローテーションに組み込まれている。フレッドは前半残り五分で再び僕をコートに戻してくれた。

以前も書いた通り、僕は常に同じ気持ちでプレーしているつもりなのだが、幼い頃は試合ごとにやる気が違うように見えるとよく父に指摘されたし、実際にビッグマッチになると燃えるのが自分でもわかる。

「燃える」のと同様に、もう一つ自分ではコントロールできない心の現象がある。

「乗る」というやつだ。

一つのいいプレーがきっかけとなり、次々にいいプレーが生まれていく。読者の皆さんの中でもバスケをする方なら経験があるのではないだろうか。

この試合、二度目の出番で僕は乗った。きっかけはブロックショットを決めたことだった。

ディフェンスもフィジカルと共にフレッドから指摘されている僕の課題だ。桜丘高校時代は得点を取る代わりにディフェンスを免除されていた。そのため、ディフェンスに真剣に取り組むようになったのはアメリカに来てからなのだが、練習を重ねるにつれてその面白さがわかってきた。

ビッグ10カンファレンスにはNBA予備軍のエリート選手が大勢所属している。彼らはポテンシャルの塊で、サイズと能力の勝負ではとても僕には太刀打ちできない。

だからポジショニングやローテーションを常に正しく選択しなければならないし、加えてエナジーを出してプレーをすることでなんとかサイズと能力の差を埋めようと頑張っている。

当然のことながら、自分より大きくて能力の高い相手をブロックするのは難しい。正しい選択とエナジーの両方が欠かせない。つまり、あのブロックショットには僕が課題として取り組んできたことが集約されていたし、だからこそあれが乗るきっかけになったのだと思う。

ブロックした直後のオフェンスでこの日2本目のスリーを決めたのを皮切りに、僕はそこから三分半の間に10得点を挙げた。

ネブラスカは前半に作ったリードを守って79対66で開幕戦に勝利。個人としても19得点と満足のいく活躍ができた。

試合後の記者会見で、フレッドは言った。

「啓生はベンチからの起爆剤になってくれた。最初はちょっと制御不能になっていたから一度ベンチに下げたけれど、その後の活躍はすさまじかった。彼の活躍が前半我々がリードした理由の大きな部分を占めている」

フレッドは優しい人だ。僕が指導を受けたコーチの中で最も優しい人だと断言できる。しかし、今まで厳しいコーチの下でしかプレーしてこなかった僕は、慣れるのに時間がかかった。昨シーズンは予定より早く交代を告げられた時、出番が減っていった時に戸惑った。フレッドがあまりにも怒らないので、何がダメだったのか、何を改善すれば試合にもっと出られるのかがわかり辛かったのだ。

しかし、今年の開幕戦で早めにベンチに下げられた理由に僕は気づいていた。制御不能はやや厳しめな言葉だが、表現はどうあれコーチの考えが理解できるようになったのは大きな進歩だ。

もちろん、フレッドにとっても一年前と今では僕に対する印象が大分変わったことだろう。

実は33得点を挙げた夏のオーストラリア戦の後、試合を観てくれたフレッドから

「いいプレーだった」とテキストメッセージをもらった。国際試合で結果を出したことがミニッツの増加に繋がったのか。それよりも指示に従ってトレーニングに励んだことを評価してくれたのか。

おそらくはその両方だろう、と僕は思う。

コーチからの信頼を得るには一つ一つの積み重ねが大事だ。昨シーズンのように、気ばかり急いてもいい結果は生まれない。その代わり、毎日真摯に取り組んでいれば、ゆっくりながら着実に評価は上がっていく。

一足飛びにはいかないそのプロセスは、なんだかフィジカルのトレーニングに通ずるところがあるようだ。

《注》

※1　ハーフコートを二分した時にボールが無い方のエリア

※2　与えられた特定の役割をこなすプレーヤー

※3　筋力を中心にアスリートの体作りをサポートするコーチ

2022年12月〜2023年２月

5 人生最高のシュート

バスケットボールで自信を失ったことがない。

特にシュートに関しては、全て決めるつもりで打っている。僕はどちらかと言えば入り出したら止まらないタイプのシューターなので、一本決まるまでに何本外れても全く気にならない。

いつからシュートが得意になったのだろうか。正確には覚えていない。なにせ物心つく前からおもちゃ代わりにボールを与えられて育った。今のところ人生でバスケをしていないことがないのだ。

最初に憧れたのはコービー・ブライアントだった。小学生の頃はミニバスで練習する以外にも、父がコーチをしていたレンタルコートのディーナゲッツさんによくお邪魔してはシュート練習や3 on 3をしていた。当初はコービーを真似してフェーダウェーを練習していたが、いつからかそれに代わってステップバック・スリーを練習するようになっていた。ステフィン・カリーのプレーを見て以来、彼の虜になったからだ。

おそらくその頃にはすでにシュートに自信を持っていたと思う。練習環境を与えてくれた両親には感謝している。特にディーナゲッツは家から遠かったが、それなのに父は毎週車で連れていってくれた。ディーナゲッツで練習した後に回転寿司やハンバーグ屋でご飯を食べて帰るのが毎週のルーティンのようになっていて、それも含めていい思い出になっている。

なぜ今回のコラムをシュートの話から始めたかと言うと、実は先日人生最高のシュートを沈めたからだ。

ウインターカップに始まり、レンジャー・カレッジ、東京オリンピック、ワールドカップ予選、アジアカップと僕はシュートを決め続けてきた。何百本、何千本と決めてきたこれまでのシュートの中でも最高のシュート。それは、昨年（2022年）12月10日のパデュー戦で生まれた。

パデューは全米四位の強豪校だ。おそらく今年のドラフトで指名を受けるだろう224cmのザック・イディを中心としたチームで、高さの無いネブラスカは昨シーズンに対戦した際大敗を喫していた。

しかし、今シーズン初となったこの日の対戦では序盤からチームでイディ対策をきっちりと遂行し、試合終盤までどちらが勝つかわからないクロスゲームに持ち込むことができた。

人生最高のシュートが生まれたのはレギュレーション[※1]の最後だ。試合時間残り20秒、相手にフリースローを決められて3点を追う展開の中、ポイントガードのサム・グリーセルがベースラインからボールを運ぶ。

フレッドがコールしたプレーは、僕がウイングで一度ボールを受け取り、ハンドオフ[※2]でサムにボールを返したあと、デリックのスクリーンを受けて再度ウイングでボールを受けるというプレーだ。

途中まではプレーコール通りに進んだが、最後はサムと呼吸が合わず、僕は想定よりベースライン寄りでボールを受け取った。タイミングが遅れたのでディフェンダーが僕に追いついている。しかし、試合の残り時間を考えると打つ以外の選択肢はない。ディフェンスの寄りに対して右に流れながらスリーポイントを打ち切ると、ボールは高いアーチを描いてゴールに向かった。

スウィッシュ。

残り9・1秒、強豪パデューに追いつく同点弾だ。

満員のピナクル・バンク・アリーナが沸き上がる。僕は大歓声を浴びながら走り、拳を振り上げ、そして叫んだ。

強豪相手に残り数秒で追いついたということでプレーの価値も高かったと思うが、何より一万四千人を超えるお客さんをあれだけ熱狂させることができたという意味でこれまでの人生で最高のシュートだったと思う。

もちろん試合に勝っていればなお良かったが、この試合はオーバータイムで力尽きてしまった。次に人生最高のシュートを更新するときは、ウイニングショットを決めたいものだ。


前号（Vol.16）のダブドリに載った開幕戦後のインタビューで話した通り、今シーズンのネブラスカは昨シーズンとは全く別のチームに生まれ変わった。今シーズンのメンバーを紹介しよう。

まず、ポイントガードのサム・グリーセルは２０１cmの大型ガードだ。地元リンカーン出身で、シニア（四年生）となる今シーズン、トランスファーで地元に戻ってきた。サイズを活かしたディフェンスとリバウンド、そしてリバウンドからのボールプッシュは昨シーズンのネブラスカに無かった大きな武器となっている。リーダーシップがあり喋りも達者なので、記者会見によく呼ばれる。負けた試合でもコメントを求められることが多いから少々気の毒だ。

シューティングガードのエマニュエル・バンドーメルはオフコートとオンコートでキャラの差が激しい。普段はチームで一番おちゃらけているが、一旦コートに入ると他の選手には無い気合の圧のようなものを放ちだす。コーチの席に座って、コーチの代わりにチームメイトに発破をかけたりすることもある。プレー中もアグレッシブで、チームプレーヤーが多い今シーズンのネブラスカの中では最も一人で仕掛ける回数が多い。

パワーフォワードのジュワン・ギャリーは、日本人がステレオタイプとして想像するような、映画に出てくるタイプの「ザ・アメリカ黒人」だ。面白くてノリがよく、筋骨隆々で跳躍力もある。能力の高い選手がいないネブラスカでは貴重な存在だ。

この新規加入の三人に加えて、昨シーズンからいたシューターのC．J．ウィルチャーとセンターのデリック・ウォーカーの五人がシーズン前半はスタートで出ていた。ベンチに目を向けても、ルーキーながら堅実なプレーが持ち味のジャマーカス・ローレンスを筆頭にいい選手が揃っている。

昨シーズンは個人技が上手い選手が二人いたが、その二人でボールが止まってしまい思うように勝てなかった。今シーズンは突出した選手がいない代わりに全員がチームファーストなので、ボールがよく回るしディフェンスの統率も取れている。

こういうメンバーだからこそ、あのパデュー戦のシュートが生まれたと言っても過言ではない。ああいった土壇場でも個人技に頼らずにコーチのコール通りに動くことができた。

ところで、シュートのアテンプト数が少ない試合があるとよく勘違いされるので伝えたいことがある。アテンプト数と積極性はあまり関係が無い。シュートを打てない時は積極性が足りていないのではなく、打つ前の動きに問題があるのだ。

昨シーズンのようにチームでボールを回すことができず1on1を繰り返すようなバスケットボールの場合は別だが、今シーズンのようにボールが回るチームでシューターが打てないのは、ディフェンスの動きを読めていないからだ。マークマンの癖、ヘルプのルール、トラップ[※3]の場所。シューターはそういった情報を頭に叩き込んでから試合に向かう。

読みが冴えている試合では、スカウティングの情報を元にマークを外してスリーポイントを打つことができる。相手をフェイクで飛ばしてドライブすることができる。スリーポイントを警戒する相手の逆をついて、カッティング[※4]から簡単にレイアップを決めることができる。

読みが冴えない試合は真逆だ。マークを外して気持ちよくスリーポイントを打つことができない。スリーポイントが決まらなければカウンタードライブやカッティングの威力も半減してしまう。

基本的に僕はこの読み合いが得意だ。今シーズンはチームメイトに恵まれた上にNCAAのレベルにも慣れたので、ディフェンスの裏をかいたドライブやカッティングでの得点が増えた。ツーポイントをコンスタントに取ることができれば、スリーポイントを狙うのもより易しくなる。この相乗効果が、僕が今シーズン平均得点を5・7点から13・1点まで増やした理由のその一である。

理由の二つ目は、シーズンの途中で生まれた。

怪我によるローテーションの変更で出番が増えたのだ。

今年1月10日のイリノイ戦でジュワンが肩を、21日のペン・ステート戦でエマニュエルが膝を負傷し、立て続けに二人の主力選手が戦線離脱を余儀なくされてしまった。

ジュワン負傷直後のパデューとの再戦で16点と調子の良かった僕は、18日のオハイオ・ステート戦でC.J.の代わりにスタートに昇格した。以来、1月31日のイリノイ戦以外はスタメンでの出場が続いている。

コーチごとに好みの組み合わせ、好みのローテーションは違う。ジュワンにしろエマニュエルにしろ、どちらも体が強く身体能力に優れ、ディフェンスを得意とする選手たちだ。ディフェンスを安定させたいから彼らをスタートで起用するというのは、理解できる。

しかし、僕には僕にしかできないものがある。ここまで読んでくれた皆さんは、すでにおわかりだろう。シュートだ。

これまでネブラスカで僕に与えられてきた役割は、ベンチからの起爆剤となることだった。特に昨シーズンの後半は、最初のシュートが入るかどうかで出場時間が大きく変わった。一本目が決まれば続けて使われるが、外れればすぐに交代させられた。今シーズンは昨シーズン後半ほどシビアではなかったが、それでも出場時間が30分を超えることは無かった。

その状況が、ジュワンとエマニュエルの怪我で一変した。エマニュエル離脱直後のノースウェスタン戦からすぐに今シーズン最長の33分という出場時間を与えられると、僕は22得点でチームのスコアリングリーダーになった。

そして、二月がやってきた。

2月5日のペン・ステート戦で30得点を挙げてキャリアハイを更新したのを皮切りに、僕は五試合連続で20得点以上を記録した。これは次のドラフトで指名を確実視されているパデューのイディやインディアナのトレイス・ジャクソン＝デイビスといったトッププレーヤーたちと並ぶ数字だそうだ。

コンスタントに試合に出れば僕のシュート力はＮＣＡＡの上位校にも通用する。それを証明できたのも良かったが、他にも嬉しいことがあった。まずは僕の得点が勝利に繋がったことだ。この五試合の対戦相手はいずれも同カンファレンス内の大学で、全てネブラスカより順位の高いチームだったが、４勝１敗と大きく勝ち越すことができた。

自信を持ってディフェンスをプレーできたことも収穫だった。これまでより長い時間プレーしたにもかかわらず、穴になることも的にされることもなかった。ジュワンやエマニュエルのような身体能力が無い分を、うまくバスケットボールIQでカバーしながらチームのルールを遂行することができたと思っている。

そして最後に、この期間に起きたただ嬉しいでは伝えきれない奇跡のような出来事をシェアしたい。

2月14日のラトガーズ戦に勝利した後のことだ。カンファレンスの試合を放送しているビッグ10ネットワークが、僕についての短い動画をツイートしてくれた。その際に僕を「ジャパニーズ・ステフ・カリー」と紹介した上で、カリー本人にもメンションしたところ、なんとその投稿にカリー本人が〝Love it, Keisei（とても気に入ったよ、啓生）〟とリプライをくれたのだ。

動画はファンに試合の背景を見せるというコンセプトで、ビッグ10ネットワークの中の〝The Journy（旅）〟というチームが制作している。カリーに憧れて練習に明け暮れた日本の少年が、磨いたシュート力を武器にアメリカで活躍し、カリーにリプライをもらう。まさに旅という名にピッタリのストーリーだ。

しかし、僕の旅はまだ終わらない。次にカリーと話すのは、ツイッターではなくNBAの舞台になるだろう。

《注》

※１　規定の試合時間
※２　手渡しパス
※３　ディフェンスがボールマンにダブルチームなどの罠を仕掛けること
※４　オフェンスプレーヤーがディフェンスエリアへ切り込むこと

2023年 3 月～2023年 9 月

6 ワールドカップ

ＮＣＡＡのシステムは複雑だ。

ディビジョンⅠだけでも３５０校以上の大学が加盟していて、それが32ものカンファレンスに分かれている。

複雑なＮＣＡＡをさらに難解にさせているのが、カンファレンスごとのレベル差だ。ＳＥＣ、ビッグ12、それにネブラスカが所属するビッグ10といったトップカンファレンス所属のチームから一勝を挙げるのと、ノースイースト、ＭＥＡＣ、パトリオットといった下位のカンファレンスで一勝するのとでは価値が全く違う。

その結果何が起こるかと言うと、単純な勝ち星ではそのチームの強さを推し量れない、という事態になる。

僕たちはみんな、シーズン終わりに行われるＮＣＡＡトーナメント、通称マーチ・マッドネス出場を目指してプレーしているわけだが、どの大学が出場できるのかシーズンが終わるまでわからない。確実に出場できるのは、各カンファレンスのトーナメントを優勝した32チームである。残りの36校は招待枠で、委員会による選考で決まる。

この枠に滑り込めるかどうかが、蓋を開けてみるまでわからないのだ。

とは言え、現地ではなんとなくの肌感というものがある。僕たちは二月にカンファレンス最高の5勝2敗という成績を残したことで、まだ招待枠に滑り込む可能性を残していた。シーズン終わりのビッグ10トーナメントで2勝か3勝すればマーチ・マッドネスに招待されるだろう。そんな期待を持って僕たちはトーナメントの開催地、シカゴへと飛んだ。

初戦の相手であるミネソタとは今シーズン二戦したが、二試合とも僕たちが勝っていた。振り返るとこの戦績がトーナメントでは悪い方に作用してしまったように思う。失うものがないミネソタが伸び伸びとプレーする一方で、勝たなければいけないという思いからか僕たちの動きは硬かった。本来なら10点差をつけて勝たなくてはならない相手に、終始追いかける展開となってしまう。

思ったようにプレーできないことで、さらに焦りが募っていく。結局ペースを取り戻せなかった僕たちは、残り1・3秒3点ビハインドという絶体絶命のピンチに立たされた。自陣のベースラインからのインバウンズプレー[※1]。超ロングパスをセンターライン付近で受け取った僕は、ターンしてなんとかゲームクロックが無くなる前にシュートを打ち切った。

とんでもなく難易度の高いシュートだが、打った瞬間の手応えは悪くなかった。しかし、すぐに放物線が理想の軌道から逸れていくのがわかった。案の定ボールがリングの根元に当たる。コートに大きく弾かれたボール同様、僕たちはまたもビッグ10トーナメントの一回戦で跳ね返されてしまった。

上手くいかなかったソフモア・シーズンと違い、今シーズンはチームとしても個人としても成長を感じることができた。しかし、結果は変わらなかった。マーチ・マッドネスに出場することがいかに大変か、改めて思い知ったシーズンとなった。

不完全燃焼に終わったジュニア・シーズン[※2]だが、オフに予定が詰まっていたので落ち込んでいる暇はなかった。

まずは来シーズンＮＢＡに挑戦するか、それとも大学に残るかを決める必要があった。

ＮＢＡにもコネクションのあるフレッドはＮＢＡ行きの後押しを約束してくれた一方で、ネブラスカに残る場合は主力として考えていると言ってくれた。おかげで僕はかなり気楽な気持ちでＮＢＡへのアーリーエントリーを表明することができた。

しかし難しかったのが「大学に戻れるのは5月31日まで」という期限が設けられていたことだった。５月31日と言えば、ＮＢＡはプレーオフの真っ只中である。多くのチームにとってはまだシーズン中という認識であり、ワークアウト※3を受けるチャンス自体が少なかった。

ようやく最初にして最後のワークアウトに参加することができたのは、期限の迫る5月29日のことだった。参加したのはインディアナ・ペイサーズのワークアウトで、一時間程度の短いものだ。僕を含めてメンバーは六人しかいなかったので、できることも少ない。シュートのドリル、１on１、２on２、３on３と簡単なメニューを行って終了した。

オフに入ってからは体づくりに専念していたので、正直に言ってプレーをするコンディションは整っていなかったのだが、特に終盤は自分の持ち味を出せたと思う。ただし1 on 1だけは別だ。自分より体が強く身体能力の高い選手を相手に1 on 1で勝つのは難しい。

現状でも2 on 2や3 on 3で負ける気はしなかったが、1 on 1のディフェンスが求められる場面でも踏ん張れるようにフィジカルを強化し、ディフェンス力を向上し続けなければならないと感じた。

肝心の来シーズンの選択だが、NBAチームとのワークアウトを一度しか受けられなかったこともあり、僕はネブラスカに戻ることに決めた。

この決断が吉と出るか凶と出るかはわからないが、後から振り返ったときに吉だったと言えるように努力を続けるしかないだろう。

大学に戻ることを表明したあとは、ワールドカップに向けて日本代表に合流した。合流時点では、僕はワールドカップ出場を約束されていたわけではなかった。招集された25人の選手は、合宿と強化試合を通して最終的に12人に絞られる。はじめからほぼ当確だったのは（渡邊）雄太さんと（ジョシュ）ホーキンソンの二人ぐらいだったのではないだろうか。その他のメンバーは僕も含めて全員が危機感を持って臨んでいたと思う。

僕と同じシューティングガード登録の選手も比江島（慎）さん、須田（侑太郎）さん、（馬場）雄大さん、（西田）優大さん、ジェイコブズ（晶）と錚々たる名前が揃っていた。

ワールドカップ本戦で大活躍することになる比江島さんはドリブルの緩急をつけるのが上手で、世界のトップチーム相手でもドライブで切り込むことができる。できればあの「比江島ステップ」を盗みたいところだが、簡単に真似できるものではない。

須田さんはとにかく体幹が強く、厳しいシチュエーションでもブレずにシュートを打ち切ることができる。それにディフェンスも上手だ。

雄大さんのプレーに関しては今更説明する必要もないだろう。前回のワールドカップで活躍して以来世界で戦っている。雄大さんとは今回の日本代表で初めて会った。勝手に大人しい人なのかと思っていたが全くそんなことはなく、プライベートなことからアメリカ生活のことまで色々なお話ができて嬉しかった。

優大さんは状況判断もいいしドライブの行き方も上手い。シュートだけではないというのが強みだ。

ジェイコブズはまだ若いがサイズと身体能力が突出している。それだけでなく柔らかいシュートタッチを持っているので、将来有望である。

そんな素晴らしい選手たちが集まった中、幸い僕はワールドカップの最終メンバーに残ることができた。自分としては強化試合でのパフォーマンスが良かったという手応えはあったが、ロスターのバランスや怪我人の状況などさまざまな要素が絡んでの選考結果だったと思う。

選考過程からワールドカップ開催期間を通して、僕は河村（勇輝）と一緒に過ごすことが多かった。

河村とはU16代表に選ばれたときに初めて会った。すぐに打ち解けたわけでも仲が良くなったわけでもなく、初めて会ったときのことも覚えていない。ただ、コート上で受けた衝撃は強烈だった。河村はこれまで見てきたどの選手よりも速かった。バックコートでボールを持ったと思ったら、次の瞬間にはレイアップしているぐらいの体感速度だ。河村ぐらいスピードのある選手は、アメリカに来てからも見たことが無い。より正確に言うと、アメリカにはクロスオーバー[※4]のような横に揺さぶる動きが得意な選手は多いが、河村のようにスピードを駆使して縦に突破する選手はいない。

この年はU16、U18のアジア選手権大会が短いスパンで開催され、僕と河村はチームメイトとして両大会に出場した。河村と一緒に試合に出て、スピード以外にもう一つ驚かされたものがある。

それは視野の広さだ。

河村とプレーしていると、いつどこからどうやってパスが来るのかわからない。思ってもみないタイミングでパスをくれるので、一緒にプレーするのが楽しい。

しかし、暮れのウインターカップではその河村率いる福岡第一を相手に、僕のいた桜丘は苦汁を嘗めることになった。

この年は福岡第一と福大大濠の福岡県予選決勝が事実上の決勝と呼ばれていただけあって、そこを勝ち上がってきた福岡第一は優勝の大本命だった。対する桜丘は、そもそもインターハイで同じ愛知県の中部第一が準優勝して枠を増やしてくれなければ、ウインターカップに出場できたかどうかもわからなかった学校だ。

桜丘は三回戦でインターハイ王者の開志国際に負ける。これが当時の下馬評だった。ところが、僕たちは周囲の予想を覆して開志国際をアップセット[※5]すると、続く実践学園にも勝利して準決勝に駒を進めた。僕は開志国際戦で45得点、実践学園戦で39得点と絶好調だった。

福岡第一戦のウォームアップ中、江崎（悟）コーチが言った。

「俺が合図したら啓生がトップでボールをもらえ。そうしたら他の選手はサイドにはけること。啓生はアイソレーション※6を仕掛けて、ステップバックでもなんでもいいからシュートを打ってこい」

試合直前にこんな指示が出ることは珍しいが、試合に入るとその合図が出た一発目のプレーが気持ち良く決まり、僕はそこから波に乗った。気づけば前半だけで31得点を記録し、48対46とあの福岡第一を相手にリードして前半を終えることができた。

ところが、試合が終わってみれば僕たちは72対103と大敗を喫することになる。後半開始直後から福岡第一にフルコートプレス※7を仕掛けられると、僕たちは文字通り崩壊してしまった。僕自身も後半はたったの6得点。なにせフロントコートに運ぶことすらできないので、シュートチャンス自体が激減したのだ。

当時の福岡第一には素晴らしいメンバーが揃っていた。走れて得点力もある留学生の（クベマ・ジョセフ・）スティーブ、サイズがあって体も強くシュートも上手い松崎（裕樹）、それにテクニックとスピードを兼ね備えた小川（麻斗）もいた。

スティーブ、松崎、小川もすごかったが、タクトを握っていたのは河村だった。彼らの得点は、その枝をたどると全て河村に走られるところから始まっていた。

その後僕がアメリカに留学したので、河村とは去年久しぶりに会った。今度は対戦相手ではなく、日本代表のチームメイトとしての再会だ。

代表のチームメイトで一番歳が近いこともあり、代表の活動期間中僕と河村は四六時中一緒にいる。僕も河村も普段はいじったりいじられたり他愛のない会話をする仲だが、ふとした時に、

「びっくりだよな。よくここまで来たよな、俺たち」

などと話すことがある。

僕たちはアンダーの代表活動で共に世界を知り、ウインターカップで対戦し、その後も互いに成長を続けた。今は一緒に日の丸を背負っている。それこそ普段なら絶対に言わないが、河村のような選手とチームメイトになれるのは光栄なことだ。

日本代表に対する僕のモチベーションは高い方だと思う。

まず、国を代表して戦うのは名誉なことだ。それに加えて、僕にとってはもう一つ代表で戦う理由がある。高校を卒業してすぐに渡米したので、僕のプレーを日本のファンの皆さんに観てもらう機会が少ないと感じているのだ。

特に今回のワールドカップの開催地は沖縄である。皆さんの声援を受けながらこのような大舞台でプレーできるということに、大会前から僕の胸は高鳴っていた。

その上、今回のワールドカップは個人としてもチームとしても、ただの大舞台以上の価値があった。

まず、僕個人としては少しでもＮＢＡのスカウトに名前を売りたいという気持ちがあった。名前を売るという点においてワールドカップは絶好の機会だ。幸い僕がホーバスさんから求められていることは得点なので、個人としての成功がチームの成功に直結する。得点することで将来を切り開くことができるし、それがチームを勝たせることにもつながるのだ。

チームとしては、パリオリンピックの切符を掴むというのが目標だった。

ＦＩＢＡは、大陸ごとのレベル差という問題を抱えている。ヨーロッパが最もレベルが高く、アメリカがそれに次ぐ。残念ながらアジアとアフリカはまだヨーロッパやアメリカと肩を並べるレベルには達していない。カンファレンスごとにレベル差のあるＮＣＡＡと似た状況だ。

ただし、複雑なＮＣＡＡと違い、オリンピック出場枠を決めるシステムは明快である。ワールドカップの成績が大陸ごとに仕分けされ、上位の国が出場権を得る。大陸によって枠の数が違い、ヨーロッパとアメリカは上位二ヶ国が、アジア、アフリカ、オセアニアは最上位の成績を残した一ヶ国だけがオリンピックへの切符を手に入れることができるのだ。

つまり、ワールドカップに出場するアジアの国の中で最も良い成績を残すことができれば、日本はパリオリンピックへ出場することができるということになる。

個人としてもチームとしても目標が明確だったおかげで非常にモチベーションを上げやすかったのだが、大会直前に僕のモチベーションをさらに上げる出来事があった。雄太さんが「今回のワールドカップでパリオリンピックの切符を取れなければ代表を引退する」と宣言したのだ。

僕は小さい頃からアメリカでプレーするという夢を持っていたが、ただＮＢＡが好きなだけだったので、日本にいた頃は実際のアメリカの生活について何の知識も無かった。だからジョージタウン大学時代の雄太さんのドキュメンタリーに映っていた景色が僕にとってのアメリカだったし、あの光景に憧れて実際にアメリカに来た。

アメリカ行きを決断する前に雄太さんからもらった、

「周りから何て言われようと、決めるのは自分だから」

というアドバイスもありがたかった。

選手としてももちろん尊敬している。特にＮＢＡという世界一タフなリーグで、常に崖っぷちに立たされながらも何度も這い上がるそのメンタルの強さはすごいとしか

言いようがない。フィンランド戦後に、

「雄太さん、まだまだ引退させませんよ」

と河村が雄太さんに言ったというのがニュースになっていたが、チーム全員が同じ気持ちだったと思う。

僕たちが高いモチベーションを持って大会に臨めた理由の一つに、雄太さんの引退宣言があったというのは間違いないだろう。


結果から言えば、僕たち男子日本代表は48年ぶりに自力でのオリンピック出場を決めた。

これを読んでいる方の多くはテレビで、人によっては現地でワールドカップを応援してくれていただろうから試合の詳細については省くが、僕の視点から印象に残っていることを書こうと思う。

まず、初戦はその後大会を制することになるドイツと対戦したのだが、この試合が僕にとっては一番の衝撃だった。ドイツは僕にフェイスガードをつけてきたのだ。さらに驚いたことに、第1クォーターの終わりにはフランツ・ワグナーが僕のマークについた。

フランツと言えば2021年に全体8位という上位指名を受けてNBA入りしたスター候補だ。208cmという長身ながら運動能力も高く、ペリメーターでプレーするスキルもある。2年目の2022-23シーズンには平均18・6点を挙げており、将来オールスターに入ってもおかしくない。

そのフランツも、僕のマークにつく間はフェイスガードだった。

練習期間の短い代表ではどうしても戦術はシンプルになるし、引き出しも少なくなる。僕をフリーにするセットがいくつもあるネブラスカと違い、ある程度アドリブでマークマンを引き剥がす必要があったが、それができなかった。

この試合の僕のスコアはスリーポイント1本とフリースロー2本の計5点止まりだった。全て試合の趨勢が決まった時間帯でのものだったが、0点に終わるのと1本でもシュートを決めるのとでは気持ちに大きな違いがある。

現時点ではドイツのフェイスガードを攻略できなかったものの、集中力を切らさずに次の試合に繋がるシュートを決めることができたのは良かった。

二戦目のフィンランド戦では、満足のいくパフォーマンスをすることができた。スリー4本を含む17得点というスタッツも上出来だが、中でも第3クォーターにフィンランドに18点リードされ、得点を求められた場面で2本シュートを決めることができたのは良かった。

また、この大事な試合で最後までコートに立てたのも収穫だった。スタメンにこだわりが無いと言えば嘘になる。正直に言えばスタートで出る方がプレーしやすい。しかし、何より大事なのは試合が決まる瞬間にコートに立っていることだと思っている。

個人的に手応えのあったフィンランド戦だったが、あの試合で誰よりも会場を沸かせたのは河村だった。

最もアイコニックだったのは（ラウリ・）マルカネンの上からプルアップで決めた

スリーポイントだろう。マルカネンはＮＢＡのオールスターにも選ばれたことがある選手で、フィンランドのエースである。そのマルカネンの上から決めたこと、残り時間が三分を切っていたこと、２ポゼッション差を３ポゼッション差に広げるプレーだったことが、あのプレーを特別なものにしていた。

しかし、先に書いたように、僕と河村はお互いをいじりあう仲だ。そんな僕にとってはあのマルカネン越しのシュートよりも、残り時間数十秒の場面で他の選手の上から決めたシュートの方が価値が高かった。と言うのも、あのシュートを決める前河村は、スクリーンをかけに来たホーキンソンを腕を振るジェスチャーで追い払っていたのだ。

「スクリーンは要らない、俺が一人で決める」

とでも言うような自信に満ち溢れたあのシーンは、率直に言っていじり甲斐があった。早速翌日の練習で何度も物真似したのはいい思い出だ。

さて、その後のオーストラリア戦とベネズエラ戦の２試合で、僕はプチスランプを

経験した。２試合合計15本のスリーポイントを打って、１本しか決めることができなかった。雄太さんに、

「カリーがスリーポイント10分の０をたたいた試合があったけど、その次の試合でＮＢＡ記録を塗り替えたんだって。それがカーボベルデ戦で起こるぞ」

と声をかけてもらい、非常に勇気付けられた。さらに、普段はふざけ合っている河村まで、

「打ち続けるのがトミーの仕事だから」

と真剣な顔で言ってくるので「こりゃあ、そろそろ決めないとまずいぞ」という気持ちも湧いてきた。

二人の言葉のおかげか、幸いにして最後のカーボベルデ戦ではスリーポイント６本を含む22得点を挙げることができた。個人としても及第点の活躍ができてほっとしたが、それより何よりチームの目標だったオリンピック出場の切符を獲得できたのが嬉しかった。

思い返せば昨シーズン（2023－23）も、日本代表でいい結果を残したことがネブラスカでの好調に繋がったように思う。ネブラスカで最後となる今シーズンも、ワールドカップでの経験を活かして飛躍の一年にしたいものである。

もちろん、NBAプレーヤーになるという最終目標は変わっていない。マーチ・マッドネス出場はあくまでその通過点だ。

背の低い僕がこの目標を達成するには、オフェンスでスペシャルな選手になるしかないだろう。得意のシュートに加えてドリブルやパスも磨き、オフェンスに与える影響力をより拡大させるつもりだ。

もしかしたら今シーズンのNCAAでは、スター河村よろしく腕で味方のスクリーンを振り払う姿をお見せすることになるかもしれない。

《注》

※1　戦術的なプレーをともなうスローイン

※2　ジュニアは三年生。富永選手にとっては2022－23シーズン

※3　練習形式でプレーを見てもらうアピールの場
※4　身体の正面で身体の中心をボールが交差するドリブルチェンジ
※5　番狂せ
※6　他の選手が空けたスペースでボールマンが1 on 1を行うこと
※7　オールコートに渡って展開するプレスディフェンス

2023年12月～2024年 1 月

7
家族

アメリカ人のスポーツに懸ける熱量は、日本人には理解できないレベルである。例えば、僕が在籍するネブラスカ大学は八万五千人収容のフットボール専用スタジアムを所有している。東京オリンピックのために建設された国立競技場が六万人収容だというから、単純計算でその1・4倍という巨大さである。

そんなバカでかい建造物が学生スポーツのためだけに造られたというのもすごいが、さらにおそろしいのはこのスタジアムのあるリンカーンには30万人程度しか住んでいないということだ。日本人の感覚だと、人口と収容人数の比率が明らかにおかしい。いや、でたらめと言ってもいいぐらいだ。

ところが、ネブラスカ大のアメフトの試合は毎試合完売する。チケットが買えずに家で観る人も多いというから、もう少し大きくても埋まっていたかもしれない。

とにかくスポーツのために動く金額が日本とは桁違いなのがアメリカで、必然的にエンターテインメントとしての質は高く、ファンは熱狂する。

こうした質の高さは、映像作品にも表れる。

ネブラスカ大学のアスリートをフィーチャーした映像シリーズ〝THE PLACE〟で、昨年（２０２３年）僕も取り上げてもらった。内容は僕がアメリカに来てからのキャリアを振り返るものなのだが、桜丘高校やレンジャー・カレッジ時代の映像まで集めて作られた大作である。ネブラスカ大学男子バスケットボールチームの YouTube で観られるので、これを読んだ方にも視聴していただけたら嬉しい。

この作品はピナクル・バンク・アリーナでシューティングする自分の映像に合わせた「バスケットボールを始めた理由は両親がバスケットボールをしていたからです」という僕のモノローグで始まる。

キャリアを振り返る際に家族の話で始まったのは、自分としてもしっくりきた。間違いなく家族が僕のバスケットボールの原点だ。

幼い頃からバスケットボールを僕に与えてくれた父。いつも優しく見守ってくれた母。練習に付き合ってくれた妹。家族がいなければ今の僕はない。

そんな僕の大事な家族が、年末年始にリンカーンまで応援に来てくれた。

今号（Vol.19）はその話をしようと思う。

年の瀬も押し詰まった30日の夕方、僕はオマハ空港へと車を走らせた。年の瀬と言ってもこっちには正月という概念がないので日本とは趣が違う。大抵の家はクリスマスの飾り付けも出しっぱなしだ。

免許は去年の三月に取った。

アルマーダという日産の白いＳＵＶを借りて乗っている。借りたときは深く考えなかったが、車高が高いので視野が広くて運転しやすいし、家族がスーツケースを持って訪ねてきても余裕があるから便利だ。

僕が住むリンカーンからオマハまでは一時間程かかる。アメリカのハイウェイは運転していても風景が変わらないのが難点だ。幸いハンドルを握っている最中に睡魔に襲われたことはないが、退屈なので長時間のドライブでは音楽をかけて気を紛らわしている。

オマハ空港に到着すると、ほどなくして家族と合流することができた。

両親にとっては昨シーズンに続き二度目のネブラスカだ。前回は桜丘高校時代の恩師江崎コーチと、子供の頃に通っていたレンタルコート「ディーナゲッツ」のオーナー近藤さんが一緒だった。江崎コーチや近藤さんの前で試合をするのも気合が入ったが、今回は家族水入らずということでほっとするような居心地の良さを味わうことができた。

行きは暇だった一時間のドライブも帰りはあっと言う間だ。

「空港で啓生が好きな物を買ってきたよ」

と母が言う。すぐに閃いた僕が、

「わかった！　ロイズでしょ？」

と答えると見事に正解だという。嬉しさのあまり、

「やった、まっちゃ嬉しい！」

と噛む。すると、すぐに後部座席から妹の千尋が、

「抹茶って（笑）」

とツッコミを入れてくる。

僕にとってはそんな他愛のない会話ができる時間が貴重だ。

なにせ僕は高校から寮生活で、高校を卒業してすぐにアメリカに来た。千尋も福岡の精華女子に通っている。家族四人が揃うこと自体がなかなかないのに、それがアメリカで実現したのだから喜びもひとしおというわけだ。

幸い31日までオフだったので、焼肉に行ったりカードゲームをしながら年を越したりと家族団欒を満喫することができた。

三日に2024年最初のゲームが予定されていたので、オフで鈍った体に刺激を与えるべく特に元日はかなりハードに練習した。

ネブラスカの練習は、スターター、セカンドユニット、そしてチーム・ブラックの3チームに分かれて行われる。チーム・ブラックは試合のローテーションに入っていない選手たちで構成されていて、仮想敵として対戦相手の動きを実演してくれる。ありがたいことなのだが、難点もある。

チーム・ブラック側のファウルは鳴らないのだ。手も叩いてくれれば足元にダイブもしてくる。スターターとセカンドユニットはそれに耐えながら自分たちのプレーをやり続けなければならない。もしターンオーバー[※1]すれば罰走が待っている。休み明けの僕たちはボールが手につかず、まるで高校生のようにコートを何往復も走った。

一日、二日に行われた練習には家族も見学に来ていた。その合間に父はビッグ10カンファレンスの試合を配信するビッグ10ネットワークからインタビューを受けた。日本語がいいか英語がいいかと聞かれ不思議に思っていたら、AI音声による日本語で質問を読み上げられたそうで、

「ＡＩのイントネーションに引っ張られて日本語やのに変な発音になったわ。あのインタビューは流さんといてほしいわ」

とボヤいていた。仕上がりが気になるところだ。

千尋はC.J.ウィルチャーが格好いいと言って一緒に写真を撮ってもらっていた。C.J.は僕と同ポジションなのでチーム内のライバルとも言えるが、イケメンだから仕方がない。念の為に言っておくとC.J.と僕は仲がいい。ただ、二人ともディフェンスよりオフェンスが得意なタイプなので、試合では同時ではなく交互に使われることが多い。

母にはシューティング中に意外なことを言われた。

「アシスト王でも狙っているのかと思ったわ」

今シーズンの僕は、昨シーズンよりもコート上での役割が増えた。オフに受けたインディアナ・ペイサーズのワークアウトでプレーメイク、ディフェンス、安定性を向上させるのが課題だと言われたこともあり、ヘッドコーチのフレッドもフィニッシュだけでなくプレーメイクでも僕のプレーを増やしてくれている。それが母の目にはアシストを狙い過ぎているように映ったのだろう。

自分としては今シーズンも打てると思ったら迷わずに打っているつもりだ。あくまでもシュートが僕の強みで、フレッドからも空いたら打てと言われている。ただし、相手をシュートで釣ることができればドライブもするしアシストもする。あくまでも自分の強みを前提にプレーメイクを強化するつもりだ。

そんなこんなで家族が見守る中二日間のハードワークで錆を落とした僕は、試合前夜に三人をＪＴＫというステーキハウスに連れて行って連休を締めた。家族のおかげで心身ともに英気を養えた気がした。

迎えた試合当日は、冬休みで帰省している学生が多い中一万三千人を超える観衆が集まった。

これだけ集客できたのは、今シーズンの僕たちが好成績を収めているからだろう。この日の試合までの成績は11勝２敗。12月10日には大学バスケ界の名門ミシガン・ステートを倒した。ネブラスカが２０１１年にビッグ10カンファレンスに加入してから通算四回目のことで、僕が転入してからは初めての勝利だ。

僕自身、個人としてもチームとしてもこの3シーズンで最も手応えを感じている。相手のインディアナ大学はビッグ10カンファレンスのランキングで僕たちより上位にいる強豪校で、相手にとって不足はない。しかも得点源の二人が共にビッグマンというネブラスカが最も苦手とするタイプだ。そのうちの一人ケレル・ウェアは今年のNBAドラフトにかかると言われている。

ウェアのようなNBAドラフト候補生と対戦できるのが、トップ・カンファレンスであるビッグ10カンファレンスでプレーする魅力の一つだ。これまでもキーガン・マレーやジェイデン・アイビーといった、今ではNBAで活躍する選手たちと戦ってきた。彼らと戦うことで自分とNBAとの距離を推し量ることができる。

それに加えて、注目度が高い彼らとの対戦で結果を残せば、自分の存在をスカウトに印象付けるチャンスにもなる。これは試合の後に知ったことだが、実際にこのインディアナ戦にもオクラホマシティ・サンダーとオーランド・マジックのスカウトが来ていたらしい。彼らのお目当てはウェアだったに違いないが、少しでも僕のプレーが印象に残っていたらラッキーだ。

試合はウェアの下馬評通りの活躍で始まった。

ウェアは２１３㎝の長身で手足が長く、カレッジ版のビクター・ウェンバンヤマとでもいった風貌だ。ウェンバンヤマほどプレーエリアは広くないが、器用でフットワークもいいしジャンパーも打てる。開始から２分半でウェアに６点取られてしまった。

しかし、今シーズンのネブラスカは一味違う。

まず、どのポジションからでも点が取れる。ウェアにやられるたびに万能型スモールフォワードのブライス、スキルフルなセンターのリンクとかわるがわる点を返した。

さらに三人のビッグマンが頼もしいのも今シーズンの特徴だ。チームのリバウンド数では負けたものの、全員がウェア相手にしっかり体を張ってくれた。控えパワーフォワードのジョザイアはシーズンハイの８リバウンドをもぎとった。

僕はと言うと、前半はスリーポイントが不調だったもののその分ツーポイントが決まり、10得点で折り返した。波が来たのは試合終盤だった。残り時間10分を切ってから4分半の間に、スリー3本を含む16得点を挙げることができた。

この連載でも何度も書いているが、僕は例え5本落としても次の5本を沈めることができるタイプのシューターだ。いつもとやることは変わっていないが、家族にこのパフォーマンスを見せることができたのは良かった。

終わってみればカンファレンスの強豪を相手に86対70で快勝。僕もシーズンハイの28得点で勝利に貢献することができた。

放送最後のヒーローインタビューと記者会見にも呼ばれた。正直に言うと僕は記者会見が好きではない。昔のように英語が出てこなくて詰まるということはないが、そもそも日本語だとしても自分の得意分野ではないのだ。

できるだけ簡潔に終わらせようとしたが、一緒に呼ばれたジョザイアがお喋り好きで長引いた。ジョザイアが言う。

「啓生のゲームの素晴らしいところは正しいプレーを選択できるところだ。相手が啓生のシュート力に敬意を払わなければ彼は相手を火だるまにするだろう。でも、もし前がかりにプレッシャーをかけてくれれば、啓生は味方に素晴らしいお膳立てをしてくれるんだ」

ありがとうジョザイア。

余談だが、ジョザイアは喋りが好きなだけでなく言い回しが独特なので、この会見での発言はいつも以上に拡散されていた。

特段意識しているつもりはないのだが、家族が観戦に来るとシュートの調子がいい。父はフレッドに次のパデュー戦まで残ってくれないかと冗談を言われたそうだ。

もちろん僕はいつまでいてくれてもいいし、いつ来てくれても大歓迎だ。今回は車があったおかげで家族を色々なところに連れて行くことができた。僕はこのリンカーンが気に入っている。第二の故郷だと思っているこの街を家族に紹介することができたのは嬉しかった。

果たして次回はあるだろうか。それはまだわからない。三月には大学生活最後のトーナメントがある。トーナメントを勝ち進めばまた家族に観戦してもらえるチャンスがあるかもしれない。それに、トーナメントでの勝利は次のステップにつながる切符にもなり得る。次に家族がアメリカに来るときは、夢の舞台にいる自分を見てもらえる可能性もあるのだ。

勝負の三月はすぐそこまで来ている。

《注》

※1　オフェンス側のチームがショット以外のミスやバイオレーションで攻撃権を失うこと

2024年 1 月〜2024年 3 月

8 セレブレーション

以前、人生最高のシュートについて書いた。

ジュニア・シーズンにパデュー戦のレギュレーション最後で決めたスリーポイントの話だ。

シニアになった今シーズンはチームの主力としてプレーしてきたこともあり、あのシュートを超えるシュートをいくつか決めることができた。そのうちの一本は、何の因果かまたもパデュー相手に生まれることになった。

パデューは今年1月9日にネブラスカにやって来た時点で、全米一位にランク付けされていた。カナダ代表で２２４cmの巨人ザック・イディを擁する強豪だ。

一方、ネブラスカはランキングに入ってすらいなかったが、僕は今年のチームに過去2シーズンとは比べ物にならないほどの手応えを感じていた。

ソフモア・シーズンはタレントはいたがボールが回らなかった。ジュニア・シーズンはボールは回ったがタレントは足りていなかった。今シーズンは、過去2シーズンに比べて明らかにタレントとボールムーブメントのバランスが優れている。

昨シーズン同様ボールが回るし、それが上手くいかなくても個で打開することができる。さらに、技巧派センターのリンク・マスト、ジョザイア・アリックにジュワン・ギャリーというハッスル系の二人と、計算できるビッグマンが三人いることで、高さという過去2シーズンの弱点が解消された。

加えて、ローテーションに入っている八選手中、ジャマーカス・ローレンスとサム・ホイバーグを除く六人はジュニア以上なので経験値が高い。ジャマーカスとサムもソフモアとは言え昨シーズンからネブラスカでローテーションに入っていた選手たちで、コート上での連携がとにかくスムーズだ。

今年こそ念願のNCAAトーナメント出場を狙える。意気込む僕たちに、実はフレッドがある指標を示していた。

「カンファレンスゲームをアウェーで勝てばプラス1点。ホームで落とせばマイナス1点。アウェーで負けてもプラマイゼロだからあまり気にする必要はないし、ホームで勝ってもプラマイゼロだから浮かれてはいけない。シーズンが終わった時にプラマイゼロ以上であれば、十分にＮＣＡＡトーナメントに出るチャンスがある」

つまり、相手が強豪パデューだろうが、ＮＣＡＡトーナメントに出たければホームゲームを落とすわけにはいかないというわけだ。

この試合、僕のシュート自体は前半の方がよく決まった。いや、前半というのは少々語弊があるかも知れない。

前半残り8分余りから、残り2分半の間の約5分半で僕はスリーポイントを4本決めた。このコラムを読んでくれている皆さんなら容易に想像がつくだろう、いつもの固め打ちだ。チームとしても集中力が高く、前半終了時には41対30と二桁点差をつけることができた。

ところが、後半はしばらく僕にとってもチームにとっても我慢の時間帯が続いた。僕たちはビッグ10カンファレンスで最もスリーポイントを打つチームだ。よく言えばスリーポイントが僕たちの武器だし、悪く言えばスリーポイントへの依存度が高い。

1試合のうちにスリーポイントが入らない時間帯というのは必ず来る。この試合ではそれが後半の出足に来た。こういう時間帯はしっかりとディフェンスして相手にペースを渡さないことが大事だ。

当然のことながら、この日のディフェンスのポイントは相手のエース、イディに好き勝手やらせないことだった。このミッションに関しては、僕たちは上手く遂行できていたと思う。リンクを中心に必ず複数の選手でイディを守ったので、おそらく彼もフラストレーションを溜めていたことだろう。

ただ、人数をかけてイディを守るということは、他の選手が空くということを意味する。イディ以外の選手にやられるのは、ある程度許容しなければならない。

イディをしっかり守ることはできたものの、他の選手にやられる。僕たちのシュートは決まらない。そんな試合展開が続き、後半の頭から6分ちょっとで僕たちは1点差まで追い上げられた。

そんな厳しい流れを断ち切ったのは、ベンチユニットだった。ネブラスカの中ではスリーポイントを打つ機会が最も少ないジョザイアがコーナーから値千金の一発を沈める。C.J.ウィルチャーもフリースローとウイングからのスリーポイントで続いた。さらにサム・ホイバーグがスティールからワンマン速攻を決め、ネブラスカは再びリードを二桁に拡げた。この層の厚さも今シーズンのネブラスカの躍進を語る上で外してはいけない要素だろう。

人生最高のシュートは、こうした痺れる展開の中、残り4分余りで更新された。ジュワンのスクリーンをもらって左ウイングまで出てから、カールしてトップのジョザイアからハンドオフでボールを受ける。それでもマークマンがしつこくついてきたので、右ウイングまでドリブルしてからジャブステップを挟み、ステップバックしてスリーポイントを放った。

一回り大きいディフェンダーのチェックの上を抜けたボールは、高い弧を描いてからリングをくぐり抜ける。その瞬間、割れんばかりの大歓声がピナクル・バンク・アリーナに沸き起こった。

ジュニア・シーズンにパデュー戦で決めたシュートは難易度が高く、オーバータイムに持ち込んだという意味で価値があった。しかし、最終的にあの試合は負けてしまった。それが心残りだった。次に人生最高のシュートを更新する時はウイニングショットを決めたいと思っていたのだ。

今回のシュートは、パデューがスリーポイントを2本連続で決めて最後の反撃を試みた後に決めることができた。前回勝ちきれなかったパデューを相手に、言わば相手の息の根を止める一撃を決めることができたのは素直に嬉しく思っている。

試合が終了すると、観客がコートに雪崩れ込んできて、お祭り騒ぎになった。どうやら全米のランキングに入っているような強豪校を倒すとこういうことが起こるのが慣例のようだ。

僕は揉みくちゃになりながらも最高の気分を味わっていたが、実はテンションが上がりすぎてその時の記憶はぼんやりしている。後から映像で見返すと、僕は両手を下から上に大きく上げて観客を煽っているが、全く覚えていない。

覚えているのは、ただただ最高だったということだけだ。僕たちは全米一位を倒した。この自信は、残りのシーズンを戦う上で大きな武器になった。

ウインターカップの頃から、僕のコート上での感情表現はちょっとした話題になってきた。

おそらく幼い頃からＮＢＡを観てきたせいだろう。コート上で感情を出しながらプレーをする方が僕にとっては自然だ。父が以前、黙々とプレーする選手は嫌いだと言ったのを聞いたことがある。ひょっとしたらそんな父の影響もあるのかもしれない。

感情表現の一つに、セレブレーションがある。

シュートやブロックを決めた後に取るポーズのことを指す。ワールドカップで比江島（慎）さんがスリーポイントを決める度に指を三本立てて首を振るセレブレーションをしたのが話題になったのを覚えている人も多いだろう。

実は僕がパデュー戦で例のシュートを決めた後にやったセレブレーションが、こっちでは少々バズった。

僕がセレブレーションをやる時は、無意識に出ることがほとんどだ。この時は人生最高のシュートの後だったからだろうか、一番の憧れであるステフィン・カリーが僕の中に降りてきた。

カリーは過去にさまざまなセレブレーションを見せてきたが、この時に僕がやったのは「信じられない」というように頭を抱えるものだ。

自分で決めておきながら信じられないというのも不思議な話だが、自然に出てしまったのだから仕方がない。

パデューを倒したというインパクトも相まって、ネブラスカや各放送局のＳＮＳで僕が頭を抱える画像や動画が使われて、かなりのインプレッションを得たようだ。

以来、このセレブレーションが僕のお気に入りになっている。セレブレーションは無意識に出ると言ったが、その後ノースウェスタン戦で試合を決めるスリーポイントを沈めた後は意識的にこのセレブレーションをした。

またビッグショットを決めて、このセレブレーションで祝いたいものだ。

この話には後日談がある。

ホームでノースウェスタンを倒した翌月、アウェーで同じノースウェスタン戦があった。

僕たちはリベンジに遭い敗れてしまったのだが、この試合中ずっと、相手の選手たちが僕の前でスリーを決める度に僕のセレブレーションを真似してきたのだ。

やられたらやり返す。試合だけでなく、セレブレーションもやり返さなければ気が済まない。実にアメリカらしくて僕は好きだ。

他にも試合中にやるジェスチャーはある。

これもセレブレーションの類だが、自分より大きい相手の上からアリウープを決めた時はＮＢＡで流行っている「トゥー・スモール」のジェスチャーが自然と出た。

意図的にやったものには、人差し指を口に当てる「黙れ」のジェスチャーがある。

1月のラトガーズ戦でのことだ。ラトガーズは観客が熱狂的なことで知られているので、あえてそういうジェスチャーで挑発して自分を奮い立たせたのだが、この時は惜しくもオーバータイムで負けてしまった。

いずれにせよこういった感情のぶつかり合いは大好きで、僕がアメリカでプレーを続けたい理由の一つでもある。

皆さんもプロアマ問わずアメリカのバスケットボールを観戦する際にはこうした感情表現に注目してみると面白いと思う。


チームはフレッドの指標を忠実に守り、なんとカンファレンスゲームをホーム無敗で終えた。

アウェーでは最初のミネソタ戦で盛大な逆転負けを喰らったことでケチがついたのか連戦連敗だったが、二月にインディアナ、三月にミシガンでシーズン終盤にようやく勝利を掴むことができた。

最終的に僕たちはパデュー、イリノイに次いでカンファレンス三位でフィニッシュした。ネブラスカが2011−12シーズンにビッグ10カンファレンスに加入して以来最高の成績らしい。

僕個人も、ネブラスカ史上九人目のスリーポイント通算150本以上成功とか、同じく31人目の通算1000得点達成など記録を作ってお祝いされたが、こうした記録に関しては実のところあまり気にしていない。なぜなら、本当に大事なのはこれからだからだ。

本稿執筆時点（2024年3月）現在の僕たちのステータスは、NCAAトーナメント出場を決めたところである。2シーズン到達できなかった全米の舞台にようやく立てる日が来た。

NBA選手になるという夢を達成するためには、この大舞台で最高のパフォーマンスを見せるしかない。

今シーズン、自分が成長したということは自信を持って言える。

これまでの2シーズン、僕の得点パターンは、キャッチ・アンド・シュートとパス

&ゴー、そしてカッティングがほとんどだったが、今シーズンはドリブルからプレーメイクしたりショットクリエイトすることが格段に増えた。

大きい相手にスイッチしたらスピードのミスマッチを活かしてアイソレーションを仕掛けるし、ピック・アンド・ロール※1からシュートも打てばパスも出せるようになった。

役割が増えても活躍できているのは、自分の感覚を保てているからだと思う。

大前提として、戦術を覚える必要はある。

僕はネブラスカの中でもチームルールを覚えるのが一番早いし、それを忠実に守る方だ。

相手のディフェンスを見ながらチーム戦術を遂行する。言葉にすると小難しいが、実際の試合ではそれを考えながらやる時間はない。ボールをもらってから次の動きに入るまでに0・5秒もかからないのではないだろうか。

つまりコート上では、チーム戦術を遂行するというよりは無意識にこなせなくてはいけないし、ディフェンスを観察するというよりはディフェンスの動きを感じられるようにならなくてはならない。

今の僕は増えた役割に対しても感覚的に動けるようになっている。夢の舞台であるＮＣＡＡトーナメントでどれだけ今の自分が通用するか楽しみだ。

「楽しまないともったいない」

これはウインターカップ後のインタビュー中に自然と出た言葉だが、まさに今の気持ちにぴったりだと思う。

今号（Vol.20）が出る頃にはＮＣＡＡトーナメントの結果も出ているだろう。願わくばその頃には、試合を楽しむ僕の姿が、ハイライトとして地上波やインターネットを賑わせていて欲しいものである。

《注》

※1　ピックプレーにおいて、ユーザーがスクリーンを使用した後に、スクリナーがロールターンするプレー

2024年 3 月

9

感謝

「泣いている姿がＳＮＳで拡散された後、ネブラスカのガードは言った。アスリートが見せる脆さはむしろ讃えられるべきだと」

アメリカの主要メディアの一つ、ＮＢＣにこんなタイトルの記事が載った。ネブラスカがマーチ・マッドネス[※1]の初戦で敗退した三日後のことだった……。

マーチ・マッドネスが始まる前、フレッドは平常心を強調した。

「舞台が変わるだけだ。いつも通り自分たちのプレーをしよう」

僕たち選手側もシニアとジュニアが主体のベテランチームらしく、浮き足だってはいなかったと思う。準備にもぬかりは無かった。

相手のテキサスＡ＆Ｍは身体能力の高い選手が揃っており、今シーズンはトータル・リバウンドとオフェンシブ・リバウンドで全米トップを記録した。

弱点はスリーポイントで、チーム全体の平均成功率が28・４％とマーチ・マッドネス出場校とは思えない低さである。

スリーポイントは入らないが、外しても果敢にオフェンシブ・リバウンドに飛び込んでプットバック※2を決める。それが彼らのスタイルだ。

　オフェンシブ・リバウンドを取られないためにはボックスアウト※3を徹底する必要がある。

　しかし、それ以前に重要なのは簡単なシュートを打たせないことだ。特に彼らのように身体能力の高い選手が集まるチームにトランジション※4で走られると厄介である。走ってスペースを使われると能力の差が出やすい。それにトランジションの展開ではクロスマッチ※5が発生しやすいから、オフェンシブ・リバウンドも取られやすくなる。

　相手を走らせない。そのためには、まずは自分たちのオフェンスをいいシュートで終えることが大事である。僕たちはスカウティングで得た情報を頭に叩き込んでしっかりと準備に励んだ。

　序盤はこちらの思惑通りに進んだ。

　自分たちのポゼッションをシュートで終え、しっかりとディフェンスに入った。僕も試合開始早々にスリーポイントを三本沈めることができた。

しかし、思えば僕たちのリードで進んだ試合序盤からすでに異変は起きていた。僕たちは相手にプットバックを許していなかったが、それは僕たちのボックスアウトが効いていたからではなかった。

相手がスリーポイントを沈めてきたのだ。

均衡が崩れたのは、前半残り8分24秒のことだった。

相手のエース、ウェイド・テイラー4世が早くもこの日五本目のスリーポイントを沈める。スリーポイントを決められると、ディフェンスはボールマンとの距離を詰めざるを得ない。しかしテキサスA&Mには身体能力の高い選手が揃っているので、無闇に距離を詰めればドライブを許すことになる。

スリーポイントを警戒せざるを得なくなった僕たちを尻目に、テキサスA&Mはカウンタードライブ、そしてお得意のプットバックで簡単に加点していく。

44対58と、僕たちは14点ビハインドでハーフタイムを迎えた。

テキサスA&Mのスリーポイント成功率が上振れしたことがこの点差の原因なのは明らかだった。そこでハーフタイムでは二択を迫られることになった。試合前のプランを捨ててスリーポイントラインを守りにいくか、それとも後半は確率が収束して相手のスリーポイントが落ちると予想するか。

フレッドは後者に賭けた。

「相手のスリーポイントが入り続けるとは思えない。試合前のプランを遂行し続けよう」

しかし、結果的に見ればこれが裏目に出た。いや、裏目に出たというよりは相手を褒めるべきだろう。大事な試合で苦手なスリーポイントを決め続けたのは敵ながら天晴れだ。

とは言え僕たちも簡単に諦めるわけにはいかなかった。そんな気持ちが出たのが後半残り16分のブロックショットだ。

ピック・アンド・ロールからジョザイアを押し込んでゴール下のシュートを狙った

ソロモン・ワシントンをドンピシャのタイミングでブロックした僕は、

〝GIMME DAT SHIT!!〟

とワシントンに叫んだ。

ワシントンは試合中ずっとトラッシュトーク[※6]をしながら、体をぶつけてきたり叩いてきたりとラフなプレーを続けていた。

「早く日本に帰りやがれ」

僕は自分からトラッシュトークを仕掛けることはないが、やられたらやり返すタイプだ。誰にトラッシュトークしているのかわからせてやる。そのチャンスを物にしたのが、このブロックショットだったのだ。

〝GIMME DAT SHIT〟はブロックした時の定番フレーズで、日本語にすれば「そのボールは俺のもんだ、よこしやがれ」といったニュアンスだろうか。定番フレーズだが、あまりにも相手の至近距離で叫んだのでテクニカルファウルを取られてしまった。

しかし、相手にも、そしてネブラスカのチームメイトたちにも僕のメッセージは伝わったと思う。

どんなに劣勢でも僕たちは諦めない、と。

僕たちは最後まで激しく戦い続けたが、結局試合終盤はテキサスA＆Mに時間と点差をコントロールされてしまった。

冒頭のNBCに取り上げられた涙のシーンは、この試合残り2分で交代を告げられ、ベンチでフレッドと抱擁した後のことだ。

記事のタイトルにあった「讃えられるべきだ」という言葉は、僕の言葉のようであって実はそうではない。そういう答えを誘導するような質問を受けて出てきた言葉だ。

僕はただ自然と自分の中に湧き上がってきた感情に従っただけに過ぎない。

（ああ、フレッドの下でプレーできるのはこれで最後なんだ）

抱擁の瞬間、そんな思いが込み上げてきたのだ。

僕は泣きながらベンチで試合終了の瞬間を見届けることになった。

スリーポイント5本を含む21得点を記録したが、トーナメント初戦の壁は高かった。
次のステージに行くためには、どうステップアップしていけばいいだろう。まずは
もっとコンスタントにミッドレンジのシュートを決めなくてはならないな……。
すっきりと感情を流し切ると、僕はすぐに次の舞台へとフォーカスを切り換えた。

マーチ・マッドネスで敗退したあと、僕は二つのイベントに招待を受けた。トーナメントのファイナル・フォー、つまり準決勝に合わせて開催されたスリーポイント・コンテストとオールスターゲームだ。

当然のことながら初めてのことなのでどんな雰囲気なのか手探りだったが、蓋を開けてみれば非常に緩い空気感のイベントだった。

「楽しまないともったいない」と言うよりは「楽しむ以外の選択肢がない」といった感じだ。スリーポイント・コンテストではファーストラウンドの一球目を投げる前にほんの少し緊張したが、シュートを打ち出したら平常心が戻ってきた。

スリーポイント・コンテストのように連続で同じ距離のシュートを打つとき、僕が大事だと思っているのが集中力だ。

ある程度のシュート力があることは前提だが、集中力さえ持続していれば、シューターにとって同じ距離のシュートを連続して決めるのは簡単なことだ。邪念にとらわれず集中して打つ。それがこうしたコンテストで好成績を残す秘訣だと思う。

ファーストラウンドは開始のブザーに気づかず出遅れたが、最後のボールを手にした時点では6秒以上時間が余っていた。

そこで僕はドリブルをつきながらクロックが進むのを待った。実はこの日のために用意してきたネタがあったのだ。

シュートを打たない僕に、周りにいた他校の選手たちも「おいおい、何をするつもりだ?」と聞いてくる。ゲームクロック残り1秒余り、僕はシュートを打つと、その結果を見ずにターンして客席の方へ体を向けた。僕のアイドル、ステフィン・カリーのシグネチャー・ムーブだ。

シュートが決まった瞬間、客席から拍手喝采が沸き起こった。ネブラスカにいた時に思いついたネタで、絶対にやってやろうと思っていたから、無事に沈めることができて良かった。

セミファイナルではオハイオ・ステートのジェイミソン・バトルと対戦した。セミファイナルは二人同時にコンテストを行うので、正確に相手のスコアを把握することはできない。

しかし、最後のマネーボール※7を手にした時点で観客の反応から接戦であることは伝わった。ジェイミソンのラストショットが外れたのを雰囲気で感じながら、僕は最後の一投をしっかりと沈めた。後から聞いたら結果はなんと一点差。ジェイミソンのシュートが入っていても、僕のシュートが外れていても負けていたのだ。

そんな僅差のセミファイナルを制して進んだファイナルでは、残念ながらあまりシュートが入ってくれなかった。しかし、僕は焦らずに打ち続けた。ファイナルはセミファイナルとは違って順番にコンテストを行うので、相手の得点がわかっていたのだ。

先にコンテストを終えたホフストラのタイラー・トーマスはタッチが悪く、17点にとどまっていた。

最終ラックの途中でタイラーの点数を追い抜くと、最後のボールはまたクロックを消化し、今度はめちゃくちゃに高いアーチのシュートを放ってみたが失敗した。観客を盛り上げたいとは思うがスリーポイント・コンテストというフォーマットの中でやれることも少ない。

さて、優勝して喜びに浸っていたが、その後ハプニングが起きた。40分ほど経ってから呼び出され、女子のチャンピオンとスリーポイント・コンテストで勝負することになったのだ。どうやらプログラムには書いてあったらしいのだが、見落としていた。40分間何もしていなかったので体がカチコチに固まっている中、勝利することができたのは幸いだった。

改めてウォーミングアップの重要性を確認することになったわけだが、なんと翌日のオールスターゲームにいたってはそもそもウォーミングアップの時間が用意されていなかった。

事前のインタビューではリップ・サービスでスリーポイントを5本入れたいなどと話したが、ストレッチの時間もウォーミングアップの時間も無い当日のスケジュールを見て、怪我をしない程度に楽しむという目標にシフトした。

ネブラスカに帰ると、ネブラスカ州議会が僕のスリーポイント優勝を讃える議決をしたり、州知事が僕にネブラスカの日本親善大使とネブラスカ州海軍提督という称号をくれたりと、表彰ラッシュとなった。

僕は賞や名誉に執着しないタイプだが、第二の故郷だと思っているネブラスカ州からこうして愛を形にしてもらったのは嬉しく思っている。

振り返れば、ネブラスカでの三年間は幸せだったと断言できる。

最後の試合の後、フレッドに「三年間ありがとう、君はネブラスカのバスケを変えてくれた」と言われた。

しかし、感謝をするのは僕の方だ。

ソフモア・シーズンこそベンチを温める辛い時期もあったが、ジュニア・シーズンの途中からフレッドの信頼を獲得して、アメリカでも自分のスタイルが通用すると証明することができた。さらに、最終学年だった今シーズンはマーチ・マッドネス出場という目標も叶った。

フレッドと共に最高の舞台に立てたのは本当に嬉しかったし、フレッドには感謝してもし切れないぐらいだ。

だからこそ、フレッドがビッグ10カンファレンスのコーチ・オブ・ザ・イヤーを獲ったのは、自分がもらったどんな賞よりも嬉しかった。

コーチとしてのフレッドの偉大さは、選手の強みを引き出すことにあると思う。選手個人に対してもそうだし、ラインナップごとの良さを引き出すのも上手い。

フレッドの下でプレーしたからこそ今のようなプレーヤーになれたと僕は思っている。フィジカルの強化やスキルの上達はもちろん、内面的にも成長することができた。

自分のリズムではない時間帯でいかに我慢できるか。チームメイトとどのようにコミュニケーションをとるか。そういった内面的な成長は、フレッドのおかげで得られたものだと思う。

他にもお世話になった方々は沢山いて、本来であればその全ての方たちにここで感謝の気持ちを述べたいところだが、残念ながらそれはできない。その代わり、代表して三組にスペシャル・サンクスを送りたい。

まずは桜丘高校の恩師、江崎悟コーチ。

高校時代に江崎コーチが僕のシュート力を活かす戦術を使ってくれなかったら、今の富永啓生は無いと思う。先生と作り上げた僕のスタイルはNCAAでも通用した。これからプロで戦う上でもこのスタイルを崩すつもりはない。

僕のベースを作ってくれた江崎コーチ、本当にありがとうございました。

次に、初めて僕を世代別代表に選んでくれた（トーステン・）ロイブルにもお礼が言いたい。

U16、U18で世界を経験したことが、僕にとって大きな転機になった。それに、高校卒業後の進路についても熱心にアドバイスをくれた。フレッド、江崎コーチと並んでロイブルも僕の恩師の一人だ。

最後に、両親に感謝の気持ちを伝えたい。

ここまで育ててくれたこと、バスケットボールを教えてくれたことはもちろん、二人がアメリカ行きを応援してくれたことが本当に励みになった。

アメリカでの挑戦は、二人の存在無しには成し遂げることはできなかったと思う。

お父さん、お母さん、ありがとう。

僕は当面の間ＮＢＡを目指すつもりだ。

この三年間で、上でもやれる自信はついた。特にジュニア・シーズンの後半からはチェックが厳しくなったが、それでもチェックの上からシュートを決め続けることができた。むしろ最後の方は相手がローテーションをミスってチェックに来ないと戸惑うぐらいだった。そんな時は「来ないのかよ」と心の中でツッコミながら打っていたから、あまりオープンの確率は良くなかったかも知れない。

僕がＮＢＡを目指す上でネックになるのはサイズだ。ＮＣＡＡでも僕は小さい方だった。ＮＢＡに行けばなおさらだ。シュートレンジ、エナジーのあるディフェンス、そしてバスケットボールＩＱをミックスして自分のスタイルを作ってきたが、ＮＢＡでプレーするためにはサイズの不利を乗り越えるぐらいのスペシャルな武器を身につけなくてはならない。

僕がスペシャルになれるとすれば、やはりオフェンスだろう。

シニア・シーズンはハンドルからのプレーメイクやショットクリエイトが増えた。プレーの選択肢が増えれば増えるほど相手は守り辛くなり、得意のシュートを打てる可能性が高まると思っている。大事なのはスキルとＩＱを駆使してシュートまで持っていくことで、シュートモーションにさえ入ってしまえば僕の勝ちだ。僕にとってタフショットは存在しない。全てのシュートは入ると思って打っている。外れても、それは確率の問題に過ぎないのだ。

自分のスタイルとネブラスカで加えたスキルセット。この二つの武器を組み合わせてスペシャルなレベルまで持っていけば、ＮＢＡに到達できると思っている。

僕がＮＢＡでプレーすることができれば小さい選手たちに夢を与えることもできるし、何よりこれまで支えてくださった方々への最高の恩返しになるだろう。

これからは各チームやエージェント主催のワークアウト、そしてオリンピックで結果を残し、名前を売らなくてはならない。

決して簡単な道ではないが、僕の心構えはこれまでと変わらない。

楽しまないともったいない。

ＮＢＡに行くまでの一つ一つのプロセスを、存分に楽しむつもりだ。

《注》
※１　ＮＣＡＡトーナメントの愛称
※２　オフェンシブ・リバウンドからの得点
※３　相手プレーヤーを自分よりもリバウンドを取るのに有利なエリアに入れないように身体で壁をつくること
※４　攻守の切り替え

※5　ポジションが違う選手がマッチアップすること
※6　ゲーム中、相手チームのプレーヤーに対して、精神状態を不安定にさせるために挑発的な言葉を投げること
※7　各ラックの最後のボール。決めると2点入る

あとがき

大柴　壮平

私が富永啓生を知ったのは２０１８年のウインターカップがきっかけだから、大方のバスケファンと同じタイミングだ。大会を見て驚いた私はすぐにブッキングして高校卒業前に一度『ダブドリ』に出演してもらった。

決して早くから富永の才能に気づいていたわけでもない私が共著者として単行本を書かせてもらう機会を得たのは、その後も彼を追い続けたからだ。まず渡米直前にYouTubeチャンネル〝BASKETBALL DINER〟に出てもらった。レンジャー・カレッジ時代はコロナ禍のため現地取材こそ叶わなかったものの、オンラインで取材した上で当時NBA Rakutenで連載していたコラムで三週に渡り取り上げた。そしてネブラスカ大学転入に当たり『ダブドリ』への自伝コラム連載をオファーし、「姿勢」が始まった。その「姿勢」が加筆修正されて出版されたのが本書である。

なぜそこまで私が富永に惹かれたのか。

その理由は、富永が未完成だと感じたからだ。

競技面では高校生の頃から現在の原型は見えていた。とんでもないシュートレンジと繊細なシュートタッチの組み合わせは当時から驚異的だった。才能は確かだったが、その才能がどれほどのものなのかは測りかねた。国内では止められるチームが無かったからだ。海外に行っても同じプレーができるのか。同じプレーをさせてもらえなかった時にどのような進化を遂げるのか。富永の天井がどれほど高いのか見てみたい。それが富永を追った動機の一つだ。

しかし、私にとってより興味深かったのは富永の内面だ。

高校生当時の富永はメディアに対して自分の言葉を持っていなかった。友達と喋る時はすいすい出てくる言葉が、外の世界に向かうと途端に詰まってしまう。その表情からは取材に協力しようという意思は感じるが、出てくる言葉の大半はメディア泣かせのショートアンサーだった。同時期の河村勇輝選手がまだ拙いながらもはっきりと自分の想いをメディアに伝えていたのと比べると、三ヶ月歳上のはずの富永の方が幼く見えた。

そこに私は惹きつけられた。私にとっては、富永の内面の未熟さが競技面での可能性を担保しているように感じられたのだ。

この青年はきっと人間としてもプレーヤーとしてもこれからどんどん成長していくに違いない……。その時点ではよく言えば直感、悪く言えば妄想に過ぎなかったが、幸いにしてその直感は当たり妄想が現実になっていったというわけだ。

私が富永のポテンシャル、スケールの大きさに魅了されたことは、本書のスタイルにも大きく関わっている。

長谷部誠氏の名著『心を整える。勝利をたぐり寄せるための56の習慣』（２０１１年／幻冬舎）が爆発的なヒットを記録して以来、スポーツ本は自己啓発本の形を取るのが主流となった。バスケ界でも渡邊雄太選手の『「好き」を力にする　NBAプレーヤーになるために僕が続けてきたこと』（2019年／KADOKAWA）や富樫勇樹選手の『「想いをカタチにする」ポジティブ思考』（2020年／KADOKAWA）など、スポーツ界の偉人から教えを請いたいと願う層に向けた本がいくつも発行されている。

ところが、私にとって富永は未完成が故に魅力的な存在である。大学で結果を残した今ですら私はまだ彼が成長すると思っているし、もっとはっきり言えばNBAに行くと信じている。

日本人二人目のNBAプレーヤーになった渡邊選手や日本を代表するトップガードの地位を築いた富樫選手が書くのはわかるが、これから大事を成し遂げる男が今自己啓発本を書くというのはどうにも違和感がある。

そこで私は、今や主流となった自己啓発本の形は捨て、読み物として本書を書くことにした。富永の言葉を謹聴するのではなく、富永の物語自体を楽しむ。本書を通じて私のようなファンが少しでも増えたら欣快の至りである。

　さて、読み物を書くと決まったことで、おそらく自己啓発本を書く場合以上に多くの方にご協力いただいたので、ここに記したい。

　富永啓生選手には、留学という人生でも貴重な期間に何十時間も取材にご対応いただいた。最も印象的だったのは最初の現地取材だ。ソフモア・シーズンで干された鬱憤を晴らすように大活躍したジュニア・シーズンの開幕戦を現地で観れたのは感動した。これからはテレビ局など大手メディアの出番だが、私も陰ながら活躍を見守り続けたい。

　富永家の皆さんには、無理を言って家族旅行に加えさせていただいた。２０２３年から24年にかけての年末年始のことだ。普段メディアには見せない素顔の富永選手を見ることができたのは、書き手として大変ありがたかった。お世辞ではなく富永選手と接していると品の良さを感じることが多々あり、それはつとに富永家の教育の賜物だと思っている。

　富永選手の日本国内におけるマネージメントを担当する株式会社インディペンデン

スの近藤洋介社長には、契約書を滞りなく進めていただいた。富永選手の幼少期から富永一家と交流があるというから、素晴らしいご縁だ。

当時のエピソードを伺えればということで、レンジャー・カレッジ時代のトレーナー下澤幸代さんと藤木雄三さん、東京オリンピックを一緒に戦った落合知也選手と中祖嘉人コーチ、五人制日本代表でのチームメイト河村勇輝選手にもお話を聞かせていただいた。唯一中祖コーチは作中に名前が出てこないが、富永選手のシュートに対する分析を参考にさせてもらった。

その他取材対応いただいたネブラスカ大学の広報シェーマス・マクナイトさん、忙しい中取材を受けてくれたフレッド・ホイバーグHC、現地の情報をくださったアメリカ在住のライター宮地陽子さん、山脇明子さん、YOKO Bさんなどなど多くの方にご協力いただいて本書を書き上げることができた。

以上の皆さんを筆頭に、関わってくださった方全員に感謝の意を表したい。本当にありがとうございました。

続いて制作陣。いつも『ダブドリ』で最高の表紙を作ってくれるトミさん、今回も素晴らしいデザインをありがとうございました。本文の組版をしてくれた亨有堂印刷所ＤＯ部と校正担当の事務所も、何度か仕様が変更したにもかかわらず綺麗に仕上げてくれて助かりました。外部校正者の天野遥さんにはここ数年学生バイトとして助けてもらっているが、今回もこちらの気づかないポイントを指摘してくれてありがとう。

そして、直接制作には関わってはいないが、最早チーム・ダブドリのダイナモとしてなくてはならない存在になっている宮本將廣ダブドリ編集長にも感謝したい。貴方の働きがなくては私はこの本を書ききれなかったでしょう。

最後に、家族。取り分け妻に特大の感謝を捧げます。家を空けることが多い職業ですが、いつもありがとう。多分これでしばらくは海外取材もないはず……これが何かの前振りになりませんように。

２０２４年６月

本書は『ダブドリ』Ｖｏｌ.13～15、17、19、20に連載された「姿勢」を改題し、大幅に加筆・修正したものです。

富永 啓生（とみなが けいせい）

2001年2月1日生。愛知県出身。2018年のウインターカップで平均39.8得点という驚異的な数字を記録して得点王に輝く。翌年から渡米し、コミュニティカレッジを経て2021-22シーズンからNCAAディビジョンⅠのネブラスカ大学に転入。2シーズン目の途中からスターターに定着すると、最終学年となった2023-24シーズンにはエースとしてチームをNCAAトーナメント出場に導いた。個人としてもコーチ投票ではオール・ビッグ10セカンドチームに、メディア投票では同サードチームに選出。その活躍を受け、シーズン終了後にネブラスカ州親善大使を拝命した。日本代表としても活動中。2021年の東京オリンピックで3x3日本代表として決勝トーナメント進出を決めるウイニングショットを沈めた他、2023年のワールドカップでは5人制の代表として48年ぶりのオリンピック自力出場達成に大きく貢献した。今後は日本人4人目のNBA選手を目指す。

大柴 壮平（おおしば そうへい）

1981年4月20日生。東京都出身。2017年11月にバスケ本シリーズ『ダブドリ』を創刊、初代編集長を務める傍らコラムニストとして執筆活動を開始。本書は「姿勢」というタイトルで『ダブドリ』のコラムとしてスタートした。現在『ダブドリ』上では仙台89ERSを追う「Grind」や取材時の四方山話を綴った「ダブドリ探検隊」を連載中。他媒体では2019-20シーズンにNBA Rakutenにて週一のコラム連載を担当した他、『Sports Graphic Number』や『DUNKSHOOT』等の媒体に寄稿している。

楽しまないと もったいない

2024年7月 5 日　初版印刷
2024年7月17日　初版発行

著　　者　富永啓生・大柴壮平
装　　丁　鈴木廣富
発 行 者　大柴壮平
発 行 所　株式会社ダブドリ
〒162-0067　東京都新宿区富久町38-15
電話（03）5312-6484　FAX（03）5312-6933
https://www.dabudori.com
印　　刷　株式会社亨有堂印刷所
製　　本　株式会社ブックアート

Printed in Japan
ISBN978-4-87119-627-7

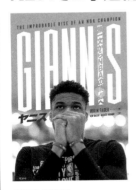

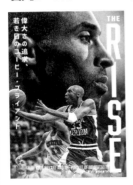